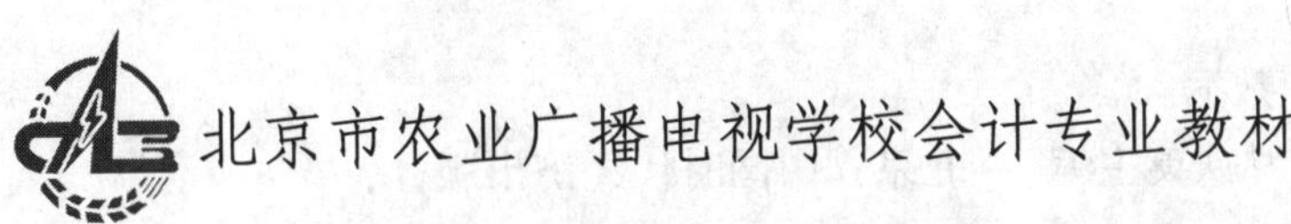

北京市农业广播电视学校会计专业教材

实用会计信息化

丛书主编　朱启酒　咎景会

本册主编　尹铁英

审　稿　李志荣

中国时代经济出版社

图书在版编目（CIP）数据

实用会计信息化/尹铁英主编. --北京：中国时代经济出版社，2012.8

北京市农业广播电视学校会计专业教材/朱启酒，昝景会主编

ISBN 978-7-5119-1232-9

Ⅰ. ①实… Ⅱ. ①尹… Ⅲ. ①会计信息－财务管理系统－广播电视教育－教材 Ⅳ. ①F232

中国版本图书馆 CIP 数据核字（2012）第 192278 号

书　　名：实用会计信息化
作　　者：尹铁英

出版发行：中国时代经济出版社
社　　址：北京市丰台区玉林里 25 号楼
邮政编码：100069
发行热线：（010）68320825　83910203
传　　真：（010）68320634　83910203
网　　址：www.cmepub.com.cn
电子邮箱：zgsdjj@hotmail.com
经　　销：各地新华书店
印　　刷：三河市国新印装有限公司
开　　本：787×1092　1/16
字　　数：257 千字
印　　张：12.5
版　　次：2012 年 8 月第 1 版
印　　次：2012 年 8 月第 1 次印刷
书　　号：ISBN 978-7-5119-1232-9
定　　价：36.00 元

北京市农业广播电视学校会计专业教材

编 委 会

序

北京市农业广播电视学校是集中等学历教育、绿色证书教育培训、新型农民科技培训、农村劳动力转移培训、创业培训、职业技能鉴定、各种实用技术培训和信息服务、技术推广等多种功能为一体的综合性农民教育培训机构；是运用现代多媒体教育手段，多形式、多层次、多渠道开展农民科技教育培训的学校；是运用远程教育开展覆盖京郊广大农村的教育培训体系。北京市农广校已成为京郊重要的农业职业教育、农民科技培训、农村实用人才培养基地。随着北京都市型农业建设及城乡一体化经济的发展，京郊农民教育需求也从传统农业技术逐渐转移到适应现代农业经济发展的管理、金融知识等方向；教学形式也逐步向面授、广播、电视、远程教育相融合的方向发展。

为探索会计专业的教育规律和教学特色，推动该专业的建设和教学改革，在总结、借鉴国内外各类职业教育课程教学模式的基础上，针对成人非全日制教学特点，依据职业教育的本质和会计工作岗位个性特征，综合会计专业课程体系构建的基本要素，以会计职业入门资格为基础、会计岗位工作实践能力为核心、项目训练为载体，我们组织常年在教学第一线的专任教师，编制了这套项目课程模式教材，并配有教学课件。系列教材包括《财经法规与会计职业道德》、《基础会计》、《工商企业会计》、《实用会计信息化》、《会计模拟实训》、《统计基础》、《金融与税收》、《财务管理与分析》八本。

本套教材编写力求符合农民学员的文化基础条件，通俗易懂。其内容采用案例教学与实践操作相结合的形式，大量例题分析，每章之后都附有思考题和练习题。书后附有参考答案，便于学生自测后的检查。

本套教材既适用于成人中等职业教育会计类专业的定向培训，同时，也可作为会计从业人员的自我阅读和学习、培训用书。

限于编者的水平和经验，书中难免存在疏漏和不足之处，敬请读者批评指正。

编 者

2012.8

目录

第一章　会计信息化概述

【知识目标】

1. 了解会计信息化的相关概念：会计电算化、会计信息化、计算机会计、会计数据、会计信息、会计信息系统等；

2. 了解会计信息系统的功能结构；

3. 理解手工会计系统与计算机会计信息系统的区别。

【技能目标】

1. 弄懂概念，将各概念对比着理解；

2. 结合手工会计处理的过程来理解计算机会计的处理过程及特点及两者的异同。

第一节　会计信息化

一、会计电算化

“会计电算化”一词最早出现于 1981 年 8 月，当时，在我国财政部、机械工业部和中国人民大学的支持下，于长春召开财务、会计、成本核算管理中应用计算机专题学术讨论会，正式把“计算机在会计中应用”简称为“会计电算化”。所以，狭义的会计电算化，是指以计算机为主体的当代电子信息技术在会计工作中的应用。具体来说，就是利用会计软件指挥各种计算机设备替代手工完成，或完成在手工条件下很难完成甚至无法完成的会计工作的过程，实现了会计核算由手工记账到电子计算机记账的质的飞跃。

“会计电算化”强调的是对传统会计处理手段的电算化，过多地追求如何模仿手工处理流程，而忽视了如何应用现代技术和方法去改造传统会计，促进会计学科发展方面的需求。进入 20 世纪 90 年代后，随着企业对会计电算化的理解要求以及信息技术的飞速发展，会计信息化正取代会计电算化成为会计发展的方向。

二、会计信息化

会计信息化是会计与信息技术的结合，是信息社会对企业财务信息管理提出的一个新要求，是企业会计顺应信息化浪潮所做出的必要举措。它是网络环境下企业领导者获取信息的主要渠道，有助于增强企业的竞争力，解决会计电算化存在的“孤岛”现象，提高会计管理决策能力和企业管理水平。会计信息化是国家信息化的重要组成部分。会计信息化的基础和前提条件是会计电算化。

“会计信息化”是采用现代信息技术，对传统的会计模型进行重整，并在重整的现代会计基础上，建立信息技术与会计学科高度融合的、充分开放的现代会计信息系统。这种会计信息系统全面运用现代信息技术，通过网络系统使业务处理高度自动化，信息高度共享，能够进行主动和实时报告会计信息。它不仅是信息技术运用于会计中的变革，更代表了一种与现代信息技术环境相适应的新的会计思想。它强调会计信息化的本质是一个过程，利用的手段是现代信息技术，其目标是建立现代会计信息系统，作用是实现财务、业务一体化管理，向企业内部外部使用者提供更高质量的会计信息，更充分地发挥会计职能的过程。

所以，“会计信息化”的中心工作简单地说就是利用现代信息技术重新构建会计信息系统，会计信息系统是企业资源计划系统（ERP）的一个重要组成部分。

三、计算机会计

传统的基于手工的财务处理主要是人工利用纸、笔、算盘、计算器等为核算工具进行会计核算的，在会计信息化的背景下，这种集成化系统中的财务会计处理与基于手工的财务会计处理具有相当大的区别，因此，很多从事这一领域实务和理论工作的人员将“以现代信息技术为基础和基本工具，研究和解决现代企业所面临的财务、会计工作的理论和实务”称为“计算机会计”。简单地说，计算机会计就是会计信息化背景下会计信息系统的业务处理过程。

第二节　会计信息系统

一、会计数据与会计信息

（一）会计数据

在会计工作中，会计数据是指从不同来源、渠道获得的，记录在“单、证、账、表”上的各种原始会计资料。

即记录下来的会计事实，是产生会计信息的源泉。包括两种：

- 数字数据　如：原始凭证上有关数字金额
- 非数字数据　如：原始资料、原始凭证、记账凭证

（二）会计信息

会计信息是指按会计特有的处理方法对数据经过处理后产生的，为会计管理及经济管理所需要的一部分经济信息。

如：

填制和审核凭证：收集数据，初步确认信息；

复式记账是对信息进行分类；登记账簿是对信息进一步确认。

财产清查是确认账面信息。

编制会计报表是对信息进行汇总。

二、手工会计系统

手工会计系统是指传统的基于手工的利用纸、笔、算盘、计算器等为核算工具的会计核算系统。

三、计算机会计信息系统

计算机会计信息系统是以现代信息技术为基础，以电子计算机及其外部设备为数据处理工具，通过会计信息互相联系，以各种会计制度为依据形成的一个系统。

计算机会计信息系统（以后简称会计信息系统）的构成要素有硬件、软件、人员、数据和规程，它们是会计信息系统的实体，是系统的物理组成。

1. 硬件。

硬件的作用是实现数据的输入、处理、输出等一系列根本性的操作。一般地，硬件设备包括数据采集设备、处理设备、存储设备、输出设备和网络通信设备。

2. 软件。

会计信息系统的软件包括：系统软件、通用应用软件和财务软件。在会计信息系统中财务软件是最重要的部分，没有财务软件，会计信息系统就无法实施。财务软件是指专门用于完成会计工作的电子计算机应用软件，按适用范围划分为通用财务软件和定点开发财务软件（也称为专用财务软件），其中通用财务软件是指在一定范围内适用的财务软件，由用户自己输入会计核算规则，进行大量的初始化工作，从而使其成为符合自己单位实际需求的专用财务软件。

3. 人员。

人员是指从事研制开发、使用和维护会计信息系统的人员。一般可分为两类：一类称为系统开发人员，包括系统分析员、系统设计员、系统编程和测试人员；另一类称为系统的使用和维护人员。其中，系统的使用人员要熟悉软件的基本功能，能熟练地操作计算机并运用软件完成各项工作。

4. 规程。

实现规程指各种法令、条例、规章制度。包括两大类，一是政府的法令、条例；二是基层单位在会计信息化工作中的各项具体规定，如岗位责任制度、软件操作管理制度、会计档案管理制度等。

5. 数据。

处理经济业务数据是财会部门的传统职责，也是会计信息系统处理的对象。在会计信息系统中，数据量大、面广、数据载体无纸化。法律上要求，实行会计信息化的单位，用电子计算机生成的会计凭证、会计账簿、财务会计报告和其他会计资料在格式、内容以及会计资料的真实性和完整性等方面，都必须符合国家统一的会计制度的规定。

四、手工会计系统与计算机会计信息系统的比较

1. 两者的相同点。

（1）系统目标一致。两者都对企业的经济业务进行记录和核算，最终目标都是为了加强经营管理，提供会计信息，参与经营决策，提高企业经济效益。

（2）采用的基本会计理论与方法一致。两系统都要遵循基本的会计理论和方法，都采用复式记账原理。

（3）都要遵守会计和财务制度，以及国家的各项财经纪律，严格贯彻执行会计法规，从措施、技术、制度上堵塞各种可能的漏洞，消除弊端，防止作弊。

（4）系统的基本功能相同。任何一个信息要达到系统目标，都应具备信息的采集输入、存贮、加工处理、传输和输出等5项功能。

（5）都要保存会计档案。作为会计信息系统的输出，会计信息档案必须妥善保存，以便查询。

（6）编制会计报表的要求相同。两系统都要编制会计报表，并且都必须按国家要求编制企业外部报表。

2. 两者的差异。

（1）系统初始化设置工作有差异。手工会计信息系统的初始化工作包括建立会计科目，开设总账，登录余额等；计算机会计信息系统的初始化设置工作则较为复杂，且带有一定的难度。

（2）科目的设置和使用上存在差异。在手工会计信息系统中，由于手工核算的限制，将账户分设为总账和明细账，明细账大多仅设到三级账户，此外，再开设辅助账户以满足管理核算上的需要；科目的设置和使用一般都仅为中文科目。而在计算机会计系统中，科目可以设置辅助核算类型以满足其明细核算方面的需要，科目除设置中文科目外，还要设置与中文科目一一对应的科目代码。

（3）账务处理程序上存在差异。手工会计系统根据企业的生产规模、经营方式和管理形式的不同，采用不同的会计核算形式，常用的账务处理程序有记账凭证核算形式、科目汇总表核算形式、汇总记账凭证核算形式、日记账核算形式等，对业务数据采用了分散收集、分散处理、重复登记的操作方法，通过多人员、多环节进行内部牵制和相互核对，目的是为了简化会计核算的手续，以减少舞弊和差错。而在计算机会计系统中，一般要根据文件的设置来确定，常用的是日记账文件核算形式和凭证文件核算形式，在一个计算机会计系统中，通常只采用其中一种核算形式，对数据进行集中收集、统一处理、数据共享的操作方法。

（4）日记账和明细账功用有所差异。在手工会计系统中，通常仅对现金和银行存款设置日记账，目的是为了序时记录货币资金的发生情况，做到与货币资金日清

月结、钱账两清。凭证信息是分散的，不便于查询，明细账仅是为了方便查询凭证而设置的，根据凭证信息按科目重新登录在明细账上，耗时且易错。而在计算机会计系统中，任何科目都可有日记账和明细账，且所有日记账和明细账上的数据均来源于记账凭证数据文件，由于采用了计算机这一高效能的工具，在账务软件中对记账凭证提供了多种查询条件，如日期、凭证号、科目代码、摘要、单位名称、单据号、录入员、审核员、借方金额、贷方金额、收入数量、余额等，查询的方法可分为确定查询、自由查询、组合查询和模糊查询四种，可查询到企业的所有业务信息，由此看来，明细账在计算机会计系统中意义已不再重要，可以取消，明细账的输出，仅是为了存档的需要。

（5）账簿格式存在差异。在手工会计系统中，账簿的格式分为订本式、活页式和卡片式三种，并且对现金日记账、银行存款日记账和总账必须采用订本式账簿。而在计算机会计系统中，由于受到打印机的条件限制，不太可能打印出订本式账簿，因此根据《会计电算化工作规范》规定，所有的账页均可按活页式打印后装订成册；总账账页的格式有传统三栏借贷式总账和科目汇总式总账，后者可代替前者；明细账的格式可有三栏式、多栏式和数量金额式等。

（6）簿记规则上存有差异。手工会计系统中账簿记录的错误要用划线更正法或红字更正法进行更正；账页中的空行、空页要用红线划销等。而在计算机会计系统中，可以不存在纸质账簿，一切数据均以文件形式存在机器内部，登账只是一个沿用的旧名词，而且文件也并不一定按日记账、总账、明细账分别设置，有些系统甚至只设置一个凭证文件，根本就不存在机内日记账、总账和明细账，各种财务信息可直接从凭证文件中导出，划线更正法或红字更正法根本就不存在，使用的是负号更正法。实际上只要凭证输入正确，机器处理是准确无误的，即使由于凭证数据有错或变更，导致机内账的结果有错，也不能直接进行修改而只能通过补充记账凭证去更正。

（7）会计报表的编制形式上存在明显差异。在手工会计系统中，报表的编制是最复杂的一项工作，报表编制人应了解各种报表的结构，报表中各个数据的来源渠道，若数据来自账上的，还应弄清是发生额还是余额，通过何种运算关系取得；若数据来自本报表或外报表中某项目的，应懂得其各种运算关系；同时还应明确各种报表之间的勾稽关系及数据的对应关系，这样才能开始编制报表。而在计算机会计系统中，各种报表的注册、结构描述、格式定义、数据的取数公式定义、报表的审核公式定义、报表的打印参数设置等工作，都作为报表子系统初始化设置的内容，在正式编制报表前可预先设置好，然后在月末编制报表时，操作员只需在键盘上轻按报表子系统提供的报表生成命令键，系统即自动根据数据的取数公式取得数据，在短则几秒，长则十几分钟的时间内快速生成报表，并且能自动校验报表数据的各种内在关系，此外，还能使不同账套、或上下级公司之间的同名报表即时合并。

（8）在能否使会计发展为管理型方面存在根本性的区别。在手工会计系统中，由于手工会计核算的复杂性，使会计人员耗时耗力，穷于应付手工的记账、算账、结账、报账，使企业会计停留在会计核算上，对会计向管理型发展受到了很大的约束。而实行计算机会计系统后，在手工会计中纷繁复杂的会计核算工作已由计算机高效而精确地完成，使企业会计向管理型发展。

（9）人员、组织体系、内部控制方式、运算工具和信息存贮介质上存在差异。手工会计系统中，人员均为会计专业人员；组织体系按会计事务的需要，分为不同的专业组，通过账证相符、账账相符和账实相符等内部控制来保证数据的正确；运算工具主要采用算盘和计算器；信息存贮介质以纸质材料为载体，占用空间大，查询烦琐。而计算机会计系统中，人员除会计专业人员外，还有计算机软、硬件技术人员和操作人员；组织体系按系统的需要可划分为电算主管、软件操作、审核记账、系统维护、电算审查和数据分析等专业组；内部控制扩大到对人员、计算机设备、数据和程序等各个方面，而且其要求将更为严密；运算工具采用计算机；信息存贮介质采用磁性介质材料，占用空间小，查询检索方便。

五、会计信息系统的功能结构

会计信息系统的总体结构是指会计信息化系统的规模、业务处理范围以及子系统的构成。会计信息化系统结构应当从分析现有系统的任务、业务处理过程以及部门间的联系入手，根据计算机处理数据的特点和系统的目标来确定。此外，在单位条件允许的情况下应具有一定的前瞻性。

一个实用的会计信息系统，通常由若干个子系统组成，每个子系统处理特定部分的信息，各个子系统之间通过信息传递相互支持、相互依存，形成一个完整的系统。如图 1-1 所示，会计信息系统包含了采购计划、采购管理、库存管理、存货核算、销售管理、应付系统、应收系统、总账、成本管理、工资管理、固定资产管理、资金管理、报表等子系统，各子系统之间相互联系又相互独立，有着各自的目标和

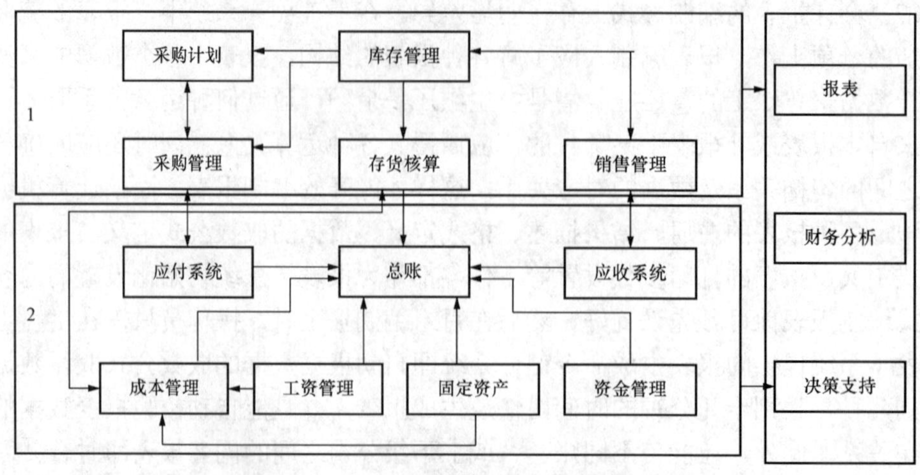

图 1-1　会计信息系统的功能结构图

任务，它们共同构成了会计信息系统，实现会计信息系统的总目标，这些子系统的划分不是唯一的，也不是一成不变的。

对于会计信息系统中的各子系统，企业可以根据自身的规模、性质和需求进行选择使用，其中总账子系统是整个账务处理系统的核心，而账务处理系统是整个会计信息系统的核心。

练　习　题

一、单选题

1. 狭义地说，会计电算化是指（　　）。
   A. 电子计算机技术在会计工作中的应用
   B. 会计软件的开发
   C. 会计电算化人才的培训
   D. 会计电算化制度建设
2. 下列有关实现会计信息化的意义，哪一个说法是不正确的（　　）。
   A. 会计信息化后，经济业务都由计算机来完成
   B. 减轻了劳动强度，提高了工作效率
   C. 推动企业管理现代化
   D. 全面、及时、准确地提供会计信息
3. “会计电算化”一词始于（　　）。
   A. 1993 年　　B. 1974 年　　C. 1989 年　　D. 1981 年
4. 会计信息系统的核心是（　　）。
   A. 报表系统　　B. 采购系统
   C. 账务处理系统　　D. 成本核算系统
5. 会计信息化的作用主要是（　　）。
   A. 发展计算机技术　　B. 实现财务、业务一体化
   C. 增加会计人员就业　　D. 提高会计人员工资
6. 使用了会计信息系统后，提高了工作效率，财会人员可以有更多的时间和精力来（　　）。
   A. 对账、查账　　B. 打印账簿
   C. 进行财务分析，参与经营管理　　D. 学习微机操作
7. 计算机进行会计业务处理与手工会计业务处理的方法和流程（　　）。
   A. 完全相同　　B. 完全不相同　　C. 不完全相同　　D.都不对
8. 会计信息系统的基本工作任务是（　　）。
   A. 减轻会计人员繁重的手工劳动

B. 提高会计人员的素质

C. 加强账务管理，提高会计核算质量

D. 减少会计人员的数量

9. 会计信息化是（　　）的重要组成部分。

A. 组织信息化　　B. 部门信息化　　C. 会计电算化　　D. 国家信息化

10. 会计信息化的基础和前提条件是（　　）

A. 企业信息化　　B. 组织信息化　　C. 部门信息化　　D. 会计电算化

11. “会计信息化”的中心工作简单地说就是利用现代信息技术重新构建（　　）。

A. 会计电算化　　B. 企业信息系统

C. 会计信息系统　　D. 部门信息系统

12. 在会计信息系统的软件中（　　）是最重要的组成部分。

A. 系统软件　　B. 财务软件　　C. 通用应用软件　D. office 办公软件

13. 会计信息系统的（　　）要熟悉软件的基本功能，能熟练地操作计算机并运用软件完成各项工作。

A. 分析员　　B. 编程和测试人员

C. 设计员　　D. 使用人员

14. 会计信息化档案管理是重要的会计基础工作，以下属于其基本管理要求是（　　）。

A. 要由专人负责

B. 磁性介质保存的会计档案要定期检查和复制

C. 保存期限按照《会计档案管理办法》规定

D. 以上三项

15. 会计信息系统的核心是（　　）。

A. 业务处理系统　　B. 账务处理系统

C. 采购管理系统　　D. 销售管理系统

16. 账务处理系统的核心是（　　）。

A. 应收应付子系统　　B. 工资管理子系统

C. 总账子系统　　D. 固定资产管理子系统

二、多选题

1. 在整理手工会计业务时，重新核对各类凭证和账簿，要求做到（　　）相符。

A. 账证　　B. 账账　　C. 账实　　D. 证表

2. 下列属于手工会计信息系统与计算机会计信息系统共同点的有（　　）。

A. 目标一致

B. 遵循共同的会计准则和会计制度

C. 遵守共同的基本会计理论和会计方法

D. 会计数据处理流程大体一致

3. 计算机会计在（　　）等方面与手工会计核算存在差异。

A. 信息载体　　B. 运算工具　　C. 簿记规则　　D. 账务处理程序

4. 手工会计下账务处理形式的缺陷（　　）。

A. 数据大量重复　　B. 信息提供不及时

C. 准确性差　　D. 工作强度大

5. 下列属于手工会计与计算机会计的差异的有（　　）。

A. 运算工具不同　　B. 簿记规则不同

C. 账务处理程序不同　　D. 会计人员岗位分工不同

6. 计算机会计信息系统的构成要素有（　　）。

A. 硬件　　B. 软件　　C. 人员　　D. 数据和规程

7. 会计信息系统的软件包括（　　）。

A. 系统软件　　B. 通用应用软件

C. 办公软件　　D. 财务软件

8. 手工会计系统的初始化设置工作包括（　　）。

A. 建立会计科目　　B. 打印报表

C. 开设总账　　D. 登录期初余额

9. 手工会计系统使用的账务处理程序有（　　）。

A. 记账凭证核算形式　　B. 科目汇总表核算形式

C. 汇总记账凭证核算形式　　D. 日记账核算形式

10. 手工会计系统中，账簿的格式分为（　　）。

A. 订本式　　B. 活页式　　C. 卡片式　　D. 散页式

三、判断题

1. 计算机会计核算系统主要包括：账务处理系统、报表系统、工资核算系统等。（　　）

2. 会计电算化和会计信息化是信息技术在会计中应用的两个不同的阶段，会计信息化是会计电算化的初级阶段和基础工作。（　　）

3. 在手工会计核算中，需要根据企业规模、会计业务繁简程度，选择不同的账务处理程序，而实现会计电算化后，则不存在此问题。（　　）

4. 手工会计系统中账簿记录的错误要用划线更正法或红字更正法进行更正；而在计算机会计系统中更改账簿记录的错误只能采用负号更正法。（　　）

5. 计算机会计系统中，所有的账页均可按活页式打印后装订成册。（　　）

6. 计算机会计就是会计信息化背景下会计信息系统的业务处理过程。（　　）

7. 会计数据是指从不同来源、渠道获得的各种原始数字数据。（　　）

8. 会计数据是指记录在“单、证、账、表”上的各种会计事实。（　　）

9. 编制会计报表是对会计信息进行收集。 （ ）

10. 计算机会计系统中，人员除会计专业人员外，还有计算机软、硬件技术人员和操作人员。 （ ）

11. 按一般理解，会计电算化是一种会计方式的变革，它以电子计算机取代了传统手工操作。 （ ）

四、思考题

手工会计系统与计算机会计信息系统的异同。

第二章　会计信息化的实现

【知识目标】

1. 了解会计信息系统使用之前的准备工作。

2. 了解数据库系统和会计信息系统的安装过程、方法及注意事项。

3. 理解需要准备的会计数据资料的内容。

4. 理解并掌握系统初始化的内容及方法。

【技能目标】

1. 会安装用友 ERP-U8（V8.52）软件及数据库 SQL SERVER2000;

2. 知道在使用会计信息系统之前需要准备哪些数据;

3. 会进行系统的初始化操作，如：建立用户并为其设置权限；建立账套或年度账；年度账结转；账套、年度账的输出与引入等。

第一节　系统安装

会计信息系统应用前的准备工作主要包括：系统运行环境的准备、会计数据资料的准备、人员分工的准备以及系统初始化工作。本节主要介绍系统运行环境的准备，即系统的安装。

一、用友 ERP-U8（V8.52）的系统安装模式

用友 ERP-U8 应用系统采用三层架构体系，即逻辑上分为数据库服务器、应用服务器和客户端。

1. 单机应用模式。既将数据库服务器、应用服务器和客户端安装在一台计算机上。

2. 网络应用模式但只有一台服务器。将数据库服务器和应用服务器安装在一台计算机上，而将客户端安装在另一台计算机上。

3. 网络应用模式且有两台服务器。将数据库服务器、应用服务器和客户端分别安装在不同的三台计算机上。数据库操作系统（SQL server 2000）

企业可根据自己的实际情况进行选择，本书我们以单机应用模式为例。

二、会计软件用友 ERP-U8（V8.52）的系统运行环境

会计信息系统作为计算机应用软件的一种，其运行需要计算机硬件和系统软件

的支持，以会计软件用友 ERP-U8（V8.52）为例，系统运行的具体要求可参见表 2-1。

表 2-1　系统运行环境

硬件环境		
	最低配置	推荐配置
客户端	内存 256MB 以上、CPU 500MHz 以上、磁盘空间 2GB 以上	内存 512MB 以上、CPU 1GHz 以上、磁盘空间 4GB 以上
数据服务器	内存 1GB 以上、CPU 频率 1GHz 以上、磁盘空间 10GB 以上	内存 1GB 以上、CPU 1GHz 以上多 CPU、磁盘空间 20GB 以上
发布服务器	内存 1GB 以上、CPU 1GHz 以上、磁盘空间 10GB 以上	内存 1GB 以上、CPU 1GHz 以上多 CPU、磁盘空间 10GB 以上
网络带宽	广域网	局域网
	56KBPS 以上	10MBPS 以上
软件环境		
操作系统	Windows NT 4.0、Windows 2000、Windows XP（简体中/英文版），建议使用 Windows 2000、Windows XP	
数据库	MS SQL 2000, MSDE 2000	
网络协议	TCP/IP、Named Pipe	

三、安装注意事项

为保证系统安装成功，需注意以下事项：

1. 计算机名中不能带“-”字符，不能是中文字符。

提示：如何查看和更改计算机名？

如若使用的是 Windows XP 系统，在桌面上，用鼠标右键单击“我的电脑”，选择“属性”，单击“计算机名”，单击“更改”，在打开的对话框中，就可以看到计算机名，不符合要求，可以进行修改。

2. 专机专用。安装 U8 之前最好将机器格式化，工作站或单机运行环境除办公软件外，最好不要装其他应用软件。

3. 检查硬盘空间，无论应用程序安装在哪个路径下，程序安装后总要占用操作系统所在盘符 200MB 空间。

4. 安装前建议关闭所有杀毒软件，否则有些文件无法写入。

四、系统安装过程

这里介绍单机应用模式的安装步骤。建议学员采用此种安装模式。

任务 2-1　安装系统

第一步，首先安装数据库 SQL Server2000，最好是个人版，此版在多个操作系统上适用。并要记好SA密码。装完后，重启系统，并启动SQL Server 服务管理器。

第二步，安装用友ERP-U8系统。

若为了学习练习用友ERP-U8系统的使用，我们可以使用教学演示版，但若企业正式使用用友ERP-U8系统，建议购买正版软件，安装系统之前，先安装加密狗，操作方法：关闭主机、打印机电源，将加密盒插在主机后的打印机接口上，将打印机信号线接在加密盒上，固定加密盒。

（1）将用友ERP-U8管理软件光盘放入服务器的共享光盘中，打开光盘目录，双击Setup.exe文件，显示ERP-U8管理软件安装欢迎界面，如图2-1所示。

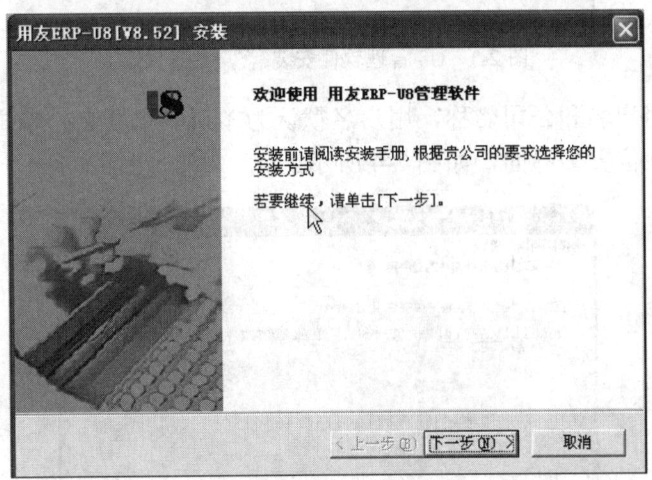

图2-1　ERP-U8管理软件安装-欢迎界面

（2）单击【下一步】，进入“安装授权许可证协议”界面，如图2-2所示。

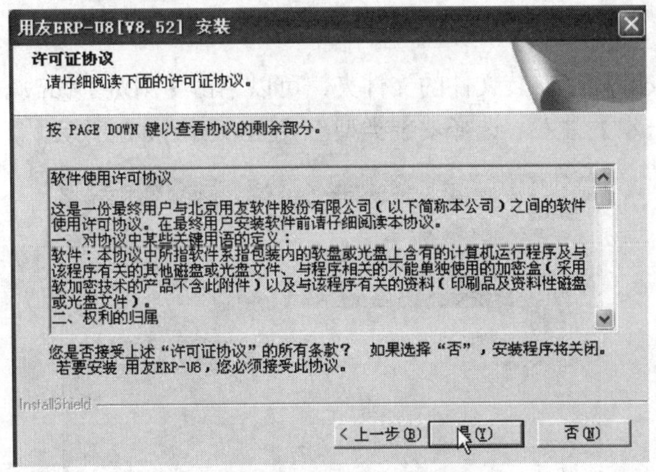

图2-2　U8管理软件安装-许可证协议界面

（3）单击【是】，接受协议内容进入“客户信息确认”界面，如图2-3所示。

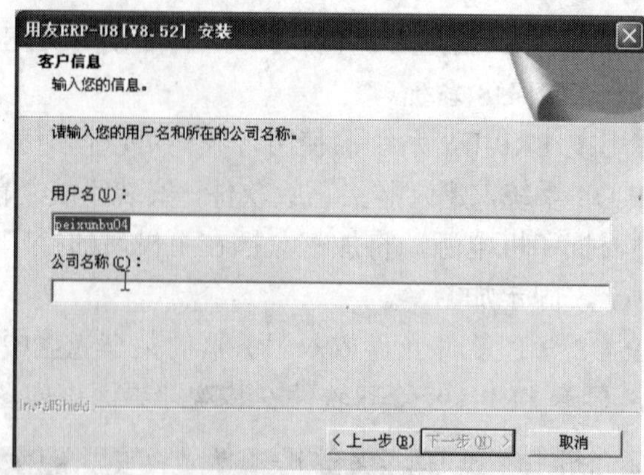

图 2-3　U8 管理软件安装-客户信息界面

（4）输入用户名和公司名称，用户名默认为本机的机器名，单击【下一步】进入“选择目的地位置”界面，如图 2-4 所示。

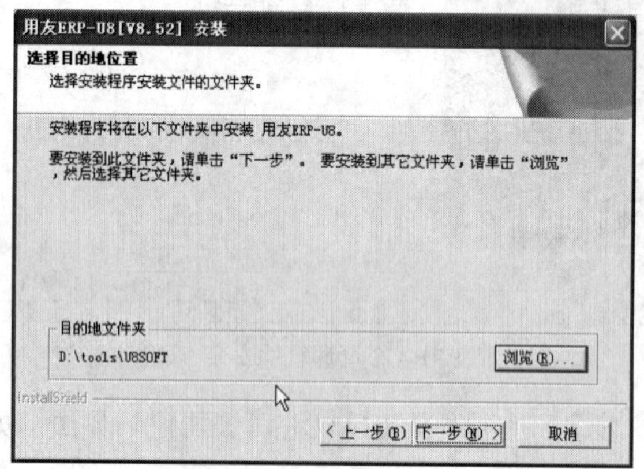

图 2-4　U8 管理软件安装-选择目的地位置界面

（5）选择安装程序安装文件的文件夹，可以单击【浏览】修改安装路径和文件夹，单击【下一步】进入“选择安装类型”界面，如图 2-5 所示。

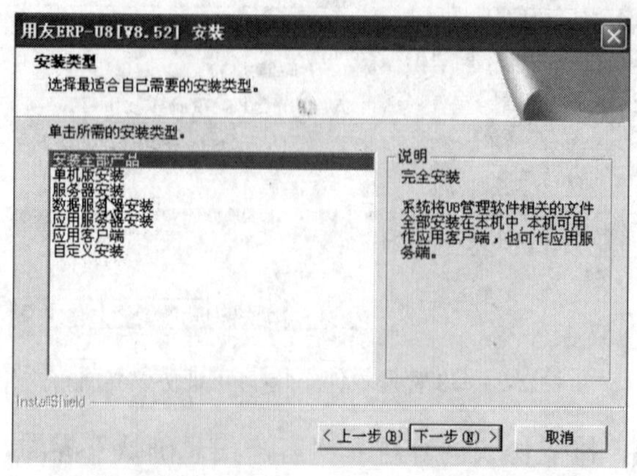

图 2-5　U8 管理软件安装-选择安装类型界面

（6）选择“完全”安装。

（7）重新启动计算机。安装完成后，系统都会提示已安装成功，是否需要立即启动计算机，建议您选择“是，立即重新启动计算机”。

重新启动计算机进入 Windows 操作平台，系统提示输入 U8 数据库服务器和数据库管理员密码，单击【确定】后在界面输入数据库服务器名称和 SA 密码（此处输入安装数据库时输入的 SA 密码，如果计算机中以前已经安装 SQL 数据库并设置 SA 密码，则输入以前的 SA 密码，首次安装系统默认 SA 密码为空）。如果安装成功，在右下角任务栏显示表示 SQL Sever 服务管理器安装成功，显示表示 U8 服务管理器安装成功。

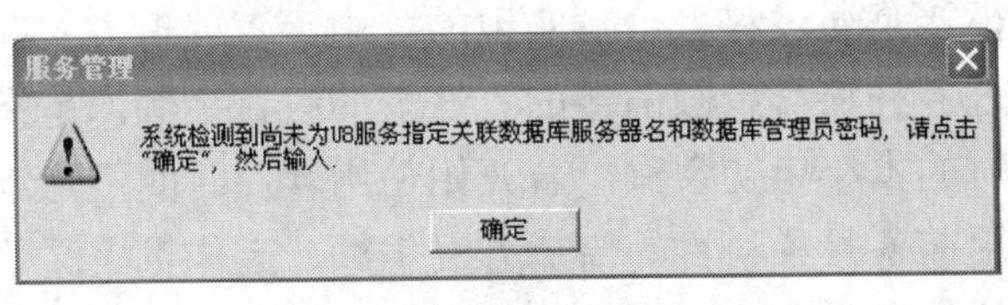

图 2-6

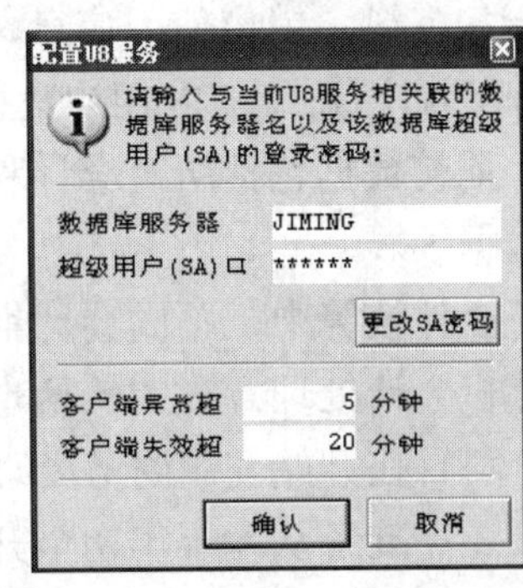

图 2-7

第二节　数据准备

系统初始化是实现新老系统转换的基础，新系统能否正常运行离不开初始设置的准确、规范、及时和完整。针对企业自身的业务特点对企业当前业务资料、管理资料、业务流程、管理方法等进行整理和规划，做好前期准备工作。需要准备好以下内容：

1. 掌握系统的功能及设置方法。

仔细阅读软件使用手册，充分理解并掌握系统提供的功能内容及其设置方法，结合本单位账务处理的实际情况，选定适合本企业的功能和设置方法。

2. 账套基本信息。

账套基本信息主要包括账套名称、类别及基本参数。其中账套名称，可以用该账套企业或公司的名字；账套类型即账套用途；账套基本参数是建立账套所必需的信息资料，如公司名称、地址、电话、记账本位币、数据精度、会计期间等。

3. 业务处理基本原则。

（1）业务处理基本信息，包括：公司代码、税务登记号、开户银行账号、专用发票精度、核算方式等等。

（2）业务处理基本原则，包括：业务流程设计、系统操作人员及权限、业务处理的控制措施、单据的类型和编码、业务资料分类等等。

（3）每个子系统的启用时间和初始化设置时间的先后顺序等。

4. 业务资料。

（1）基础资料，包括会计科目、币别、计量单位、客户、部门、职员、供应商等内容；它们的代码结构体系、必需录入的基本信息等。

例如，会计科目的准备。将本企业会计核算中所使用的会计科目（包括总分类科目和明细分类科目）按软件的要求重新整理，并确立会计科目的编码方案。具体包括：会计科目编码、科目名称、科目类型、账户类型、辅助核算要求等。

（2）管理资料，包括往来单位的物料对应信息、供应商的供货信息、销售价格和折扣资料、销售信用信息、存货批号等。

5. 启用系统前的期初数据。

期初数据包括所有会计科目的期初余额、固定资产的卡片资料、人员工资的基本数据等。

会计核算中，不同会计期间的衔接是通过科目余额实现的，由手工处理方式向计算机会计处理方式的转换也是通过各种科目余额衔接的。这里的科目余额，是指各个科目在开始使用财务处理软件时的本年年初余额，若开始使用软件时间不是年初，还需准备从本年年初至开始使用前各月各科目的借贷方发生额，工作量大又繁琐，所以建议在年初时开始使用会计信息系统。

6. 准备各账户的未达账项

主要包括：银行日记账的未达账项、银行对账单的未达账项、各往来账的未达账项等。

7. 确定记账凭证类型。

记账凭证数据是会计信息系统的基础数据，记账凭证类型的划分不仅可划分凭证数据，同时也可有效地辅助会计档案的管理。由于凭证类型的划分并不影响会计核算的最终结果，因而会计信息系统中，对记账凭证类型的划分没有严格的要求，用户可按照自己的分类习惯划分凭证类型，但凭证类型一旦确定，在今后的使用中尽量不要修改。

8. 财务人员的分工准备。

会计工作的特点和财务会计内部控制制度均要求财务会计的各个岗位要明确分工。实施会计电算化后，必然要改变财会人员的岗位分工，人员分工要求更加严密。因此，要求企业对每个人的岗位重新划分，进一步明确职责，以确保系统的安全。

人员分工的目的是为了避免与业务无关的人员或防止无权限的人员对系统进行非法操作；通过使用人员姓名和密码的设置以及操作权限和职责范围的限定，可以防止使用人员越权操作，从而确保会计人员各司其职。

从逻辑上划分，企业实施会计电算化后，操作使用人员的岗位可大体分为：系统主管、制单员（或凭证录入员）、审核员、记账员和系统维护员。系统主管主要负

责系统的初始化设置、系统的使用和运行管理工作；制单员（凭证录入员）主要负责编制凭证或手工凭证录入计算机系统；审核员的主要职责是审核进入计算机系统凭证的合法性和正确性；记账员的主要工作是完成对合法凭证的后续处理工作；系统维护人员是确保系统正常运行的主要技术人员，其主要职责是处理系统运行过程中发生的各类硬、软件故障，一般系统可不设专职维护人员。在实际企业应用中，可根据实际情况一岗设多人，也可一人兼多岗，但制单员和审核员不能由一个人担任，以体现内部牵制原则的要求。

第二节　系统初始化

在账务、业务一体化管理应用模式下，系统管理模块为各个子系统提供了一个公共平台，用于对整个系统的公共任务进行统一管理，如企业账套及年度账的建立、修改、删除和备份，操作员的建立和权限的分配等。

一、系统初始化的内容

（一）账套管理

一套完整的账簿体系建立在计算机系统中就称为一个账套。每个独立核算的单位建立一个核算账套，一个系统中可以建立多个账套（最多999个），各账套之间相互独立。

账套管理包括：账套的建立、修改、删除、引入/输出及系统启用等。

（二）年度账管理

每个账套中可以存放不同年度的会计数据。包括年度账的建立、引入、输出、清空和结转上年数据等。

（三）系统操作员及操作权限的集中管理

使用系统之前，需对操作员进行岗位分工，对指定的操作员实行使用权限控制，防止与业务无关人员擅自使用软件，也可以对各个子系统进行协调。包括为每个账套设置操作员，为每个操作员分配权限，只有有权限的操作员才能登录系统并进行相应的操作。在建立新账套之前，必须先指定一名“系统管理员”，由系统管理员确定账套主管、进行操作员的授权或撤销权限设置。所以系统刚安装后，只有一个操作员，即系统管理员（admin），用户名为admin，密码为空。

系统管理员是系统中权限最高的操作员，负责整个系统的总体控制和维护工作，可以管理该系统中所有的账套。以系统管理员身份注册进入后，可以进行账套的建立、引入和输出，设置操作员和账套主管，设置和修改操作员的密码及其权限等。系统管理员监控系统运行过程，清除异常任务等，负责系统数据安全和运行安全。

二、系统管理的操作流程

启动和注册系统管理→设置操作员→建立账套→设置操作员权限

(一)启动和注册系统管理

系统初始化设置在“系统管理”模块中完成。

系统管理模块只允许以两种身份注册进入：系统管理员（admin）和账套主管。

以账套主管身份注册进入系统管理，可以对所管理的账套进行修改，对年度账的管理（创建、清空、引入、输出，以及各子系统的年末结转、所选账套的数据备份），以及对该账套操作员权限设置。

系统管理员和账套主管都可进入【系统管理】，但他们进入系统后所具有的权限是不同的，主要区别是：

以“系统管理员”身份注册进入系统，可进行账套的管理（包括账套的建立、引入和输出），以及操作员及其权限的设置。以“账套主管”的身份注册登录，可进行所选账套的修改和所选年度账的管理（包括年度账的创建、清空、引入、输出和年末结转），以及对该账套操作员权限的设置。

任务 2-2 以系统管理员的身份注册登录系统管理

启动系统管理的操作包括：启动系统管理模块并进行注册，即登录进入系统管理模块。启用每个产品模块时，系统会自动启动系统管理模块，并处于“后台运行”状态。

操作提示：

开始——程序——用友——系统服务——系统管理，系统——注册，操作员为Admin，密码为空（首次登录时）。

界面如图 2-8 所示。

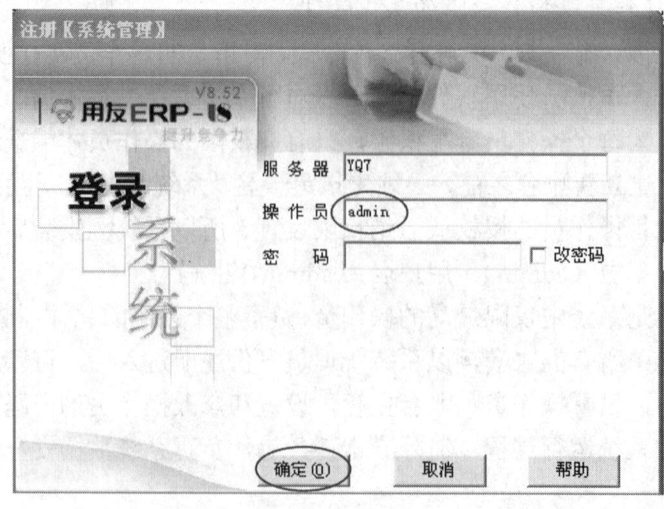

图 2-8 注册界面

详细步骤：

① 单击【开始】按钮，依次指向【程序】、【用友 ERP-U8】、【系统服务】，然后单击【系统管理】。出现系统管理界面。

② 在【系统】菜单中单击【注册】。

③ 在"注册【系统管理】"对话框中，输入系统管理员 admin 和正确的密码（第一次登录时为密码为空）。

说明：系统允许用户以系统管理员 admin 的身份，也可以账套主管的身份注册进入系统管理。第一次运行系统时，应由系统默认的管理员 admin 进行登录。

④ 单击【确定】。

这样即可登录系统管理模块，也可以通过下列方式修改密码：

⑤ 选中【改密码】选项。

⑥ 单击【确定】。

⑦ 输入新的口令。

⑧ 单击【确定】，即可进行系统管理。

（二）添加操作员

建立新账套之前，应先设置操作员，以便建立新账套后指定账套主管，以及为操作员分配权限。

注意事项

设置操作员只能以系统管理员身份进行。

操作员编号在系统中必须唯一，即使不同的账套编号也不能重复。

所设置的操作员一旦启用，便不能被修改和删除。

任务 2-3　添加下列操作员

（1）01 李　明　口令为 1　　　（2）02 张有　口令为 2

（3）03 王丽丽　口令为 3　　　（4）04 李华　口令为 4

操作提示：

权限——用户，增加，输入编号、姓名、口令，增加，全部设置完后退出。

详细步骤：

① 在【权限】菜单中单击【用户】，屏幕出现【用户管理】界面，如图 2-9 所示。

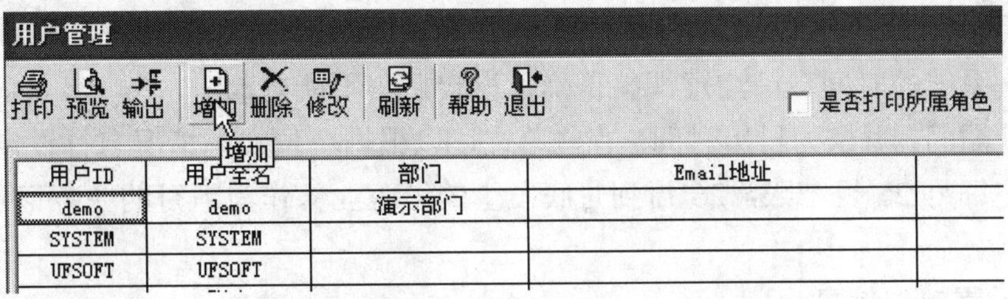

图 2-9　用户管理界面

② 点击【增加】，出现【增加用户】卡片如图 2-10。

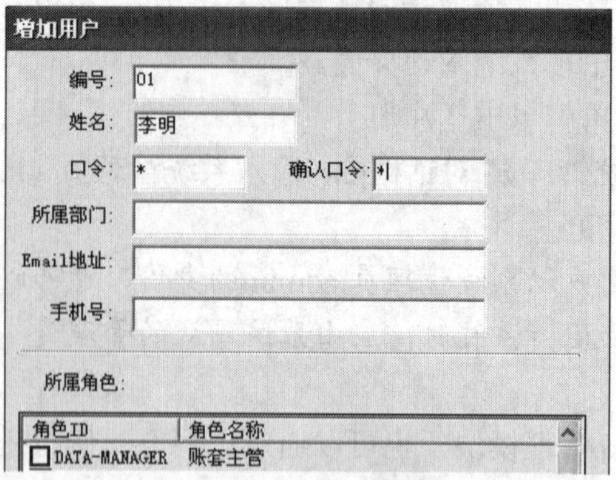

增加用户
编号: 01
姓名: 李明
口令: * 确认口令: *
所属部门:
Email地址:
手机号:
所属角色:
角色ID | 角色名称
DATA-MANAGER 账套主管

图 2-10 增加用户

③ 输入相应信息

例如，增加一个操作员：01，李明；口令 1。

警告：用户口令一旦确定，务必记住，否则以后将无法操作。

④ 点击增加，继续输入其他用户。

⑤ 输入完毕，点击【退出】。

说明：

① 如果想删除某个用户，选中该用户，点击【删除】。

② 所设置的用户一旦被使用，便不能删除，若一定要删除，需要取消其所有权限并进行注销后，才可以删除。

③ 如果想对某个用户信息进行修改，选中该用户，点击【修改】，出现【修改用户信息】卡片，输入后，点击【修改】。

（三）建立账套

1. 设置账套信息。

新建账套的基本信息，包括账套号、账套名称、账套路径、启用年月及会计期间。

账套号：账套号为 3 位数字，账套号必须唯一，且必须输入。

账套名称：一般为公司名称或简称，必须输入。

账套路径：系统有默认路径，也可以修改。但一般建议使用系统的默认路径。

启用会计期：启用会计期应在第一次初始设置时确定，一般情况下，软件默认为计算机系统的时间，请注意调整正确，设定后将不能更改。

会计期间：默认为日历时间。有些单位可以根据单位实际情况自行设定，例如某单位在每月 25 日结账，26 日到月底发生的经济业务作为下月的业务记入下月的账簿中。

2. 设置单位信息。

包括：单位名称、简称、地址、法人代表、邮政编码、联系电话传真、税号等。

3. 确定核算类型。

本位币代码："人民币"的代码为RMB。

本位币名称：用户必须输入。

账套主管：用户必须选择输入。

企业类型：用户必须选择输入。系统提供了工业、商业两种类型。如果选择工业模式，则系统不能处理受托代销业务，如果选择商业模式，委托代销和受托代销都能处理。

行业性质：用户必须选择输入，系统按照所选择的行业性质预置科目。"2007年新会计准则科目"是财政部于2006年年底推出的最新会计科目，一级科目编码为4位。

是否按行业预置科目：如果用户希望预置所属行业的标准一级科目，则选中该项。

4. 确定分类信息。

如果用户的存货、客户、供应商相对较少，可不对它们进行分类核算。如果用户的存货、客户、供应商相对较多，通常对它们进行分类核算。如果目前无法确定，则可以待启动购销存系统时再进行设置。若选择各项分类核算，则必须先设置各项分类方案，然后才能设置相应的基础档案。

5. 确定编码方案。

为了便于对经济业务数据进行分级核算、统计和管理，软件将对会计科目、企业内的部门等进行编码。

编码规则由级次和级长两部分构成。

举例：如果科目编码规则为：4－2－2－2－2

则科目编码共分五级

一级：4位 财政部规定

二～五级：2位　企业自定

例：银行存款 1002

－工行存款 01　　100201

－中行存款 02　　100202

6. 设置数据精度。

数据精度指定义数据的小数位数。如果在总账系统中需要进行数量核算，可以根据对数量、单价等核算精度的不同要求，定义数量核算的数量小数位数和单价小数位数。

7. 系统启用。

在建立账套时，可选择启用的子系统。也可在账套建立完成以后，以账套主管的身份进入系统管理，再根据需要启用相应的子系统。系统启用时，需要设置系统启用的日期，即开始使用总账子系统进行账务处理的时间。

注意：

建立账套只能以系统管理员身份进行。

账套号为 3 位，账套号唯一，且必须输入。

任务 2-4　建立账套

（以系统管理员（admin）的身份启动和注册系统管理，然后建账）

明华科技有限公司（简称明华科技，账套号 666），账套启用日期：2011 年 1 月；地址：北京学院路甲 10 号；法人代表：马明；联系电话及传真：58582288；电子邮件：master@163.com；税号：110108100711088。

该公司为股份制企业，主要从事教育工具制作、发行及相关配套商品的经营与推广活动。

记账本位币为“人民币”；企业类型为“工业”；行业性质为“新会计制度科目”；采用“按行业性质预置科目”。要求客户、供应商、存货进行分类，有外币核算业务。

编码规则：会计科目编码级次 4222；客户权限组级次 234；客户分类编码级次 124；部门编码级次 122；结算方式编码级次 12。

数据精度：存货与开票单价小数位为 4，其余为 2。

进行系统启用。

操作提示：账套——建立

详细步骤：

（1）输入账套信息，如图 2-11 所示。

① 在【账套】菜单中单击【建立】，出现创建账套对话框——账套信息。

② 输入新建的账套号：666。

③ 输入账套名称：明华科技有限公司。

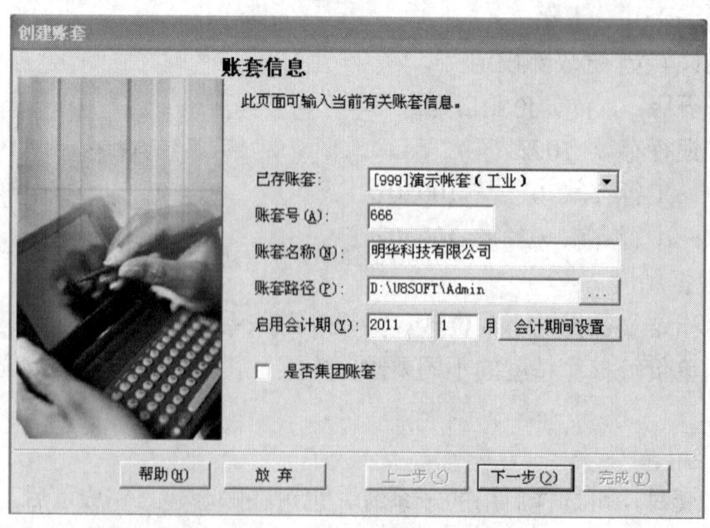

图 2-11　输入账套信息界面

提示：新建账套的编号和名称，必须输入。

④ 输入启用会计期：2011.01。

警告：必须正确输入“启用会计期”。

⑤ 单击【下一步】按钮，进入【单位信息】对话框。

说明：系统将显示现存账套，但只供参考不能修改。账套路径是用来存放新建账套数据的路径，可以进行修改。

（2）输入单位信息，如图 2-12 所示。

说明：单位简称必须录入，如果您有发票业务还应将相关信息输入完整，如单位全称、地址、税号等信息。

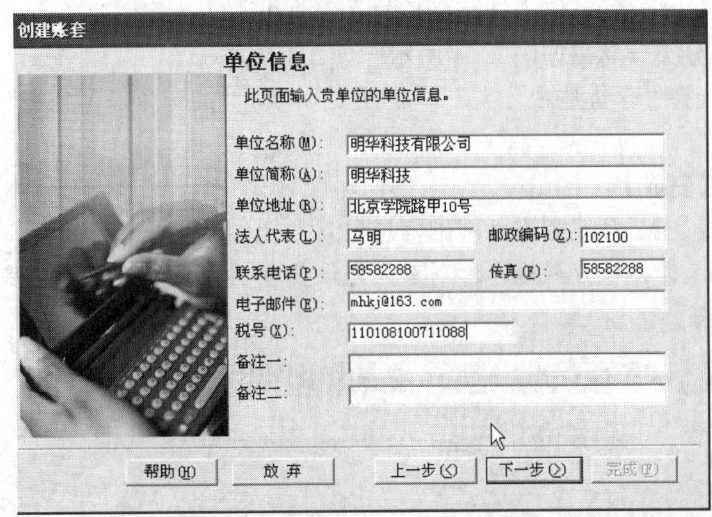

图 2-12　输入单位信息界面

（3）确定核算类型，如图 2-13 所示。

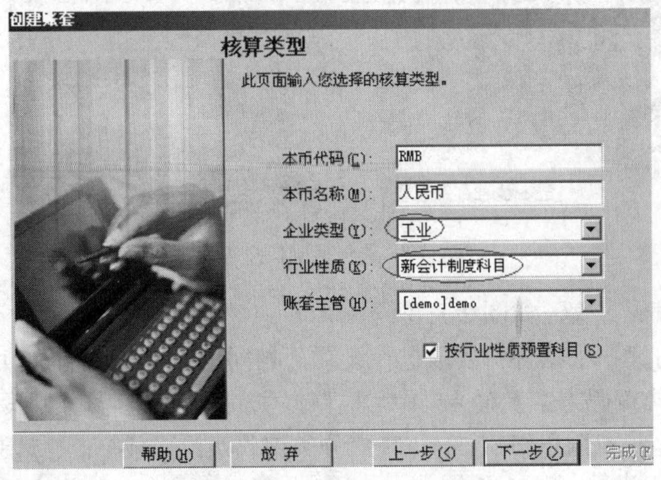

图 2-13　选择核算类型界面

① 采用系统默认的本币代码：RMB；本币名称：人民币。

② 选择企业类型：工业。

若选择工业模式，则不能处理受托代销业务；若选择商业模式，委托代销和受托代销业务均可处理。

③ 选择行业性质：新会计制度科目。

必须从下拉框中选择输入，因为系统将按所选择的行业性质预置会计科目。

④ 确定账套主管：李明。（必须选择输入账套主管的姓名）

⑤ 选中【按行业性质自动预置科目】选项。

如果您希望预置所属行业的标准一级科目，则选中该选项，否则可不进行处理。

⑥ 单击【下一步】，进入【基础信息】对话框。

（4）确定分类信息，如图 2-14 所示。

① 分别选择“存货是否分类”“客户是否分类”“供应商是否分类”和“是否有外币核算”。

② 单击【完成】。

③ 单击【是】，系统则进入基础信息设置。

说明：若选择各项分类核算，则必须先设置各项分类编码方案，然后才能设置相应的基础档案。

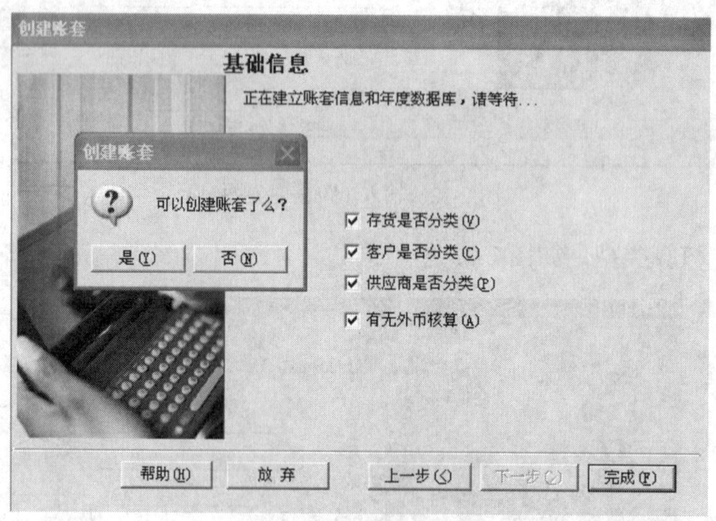

图 2-14　选择基础信息界面

（5）确定编码方案，如图 2-15 所示。

分类编码方案：根据资料要求进行设置，相同不改，不同的修改。

① 在【分类编码方案】对话框中，根据提供的单位资料，分别设置会计科目编码级次 4222；客户权限组级次 234；客户分类编码级次 124；部门编码级次 122；结算方式编码级次 12。

② 单击【确认】，进入数据精度的确定。

（6）确定数据精度，如图 2-16 所示。

① 根据单位资料，确定所有小数位：存货与开票单价小数位为 4，其余为 2。

② 单击【确认】。进入系统启用。

分类编码方案

项目	最大级数	最大长度	单级最大长度	第1级	第2级	第3级	第4级	第5级	第6级	第7级	第8级	第9级
科目编码级次	9	15	9	4	2	2	2					
客户分类编码级次	5	12	9	1	2	4						
供应商分类编码级次	5	12	9	2	3	4						
存货分类编码级次	8	12	9	2	2	2	2	3				
部门编码级次	5	12	9	1	2	2						
地区分类编码级次	5	12	9	2	3	4						
结算方式编码级次	2	3	3	1	2							
货位编码级次	8	20	9	2	3	4						
收发类别编码级次	3	5	5	1	1	1						
设备档案	8	30	9	2	2							
责任中心分类档案	5	30	9	2	2							
项目要素分类档案	6	30	9	2	2							
客户权限组级次	5	12	9	2	3	4						
供应商权限组级次	5	12	9	2	3	4						
存货权限组级次	8	12	9	2	2	2	2	3				

帮助 (F)　保存(S)　退出(X)

图 2-15　编码方案设置界面

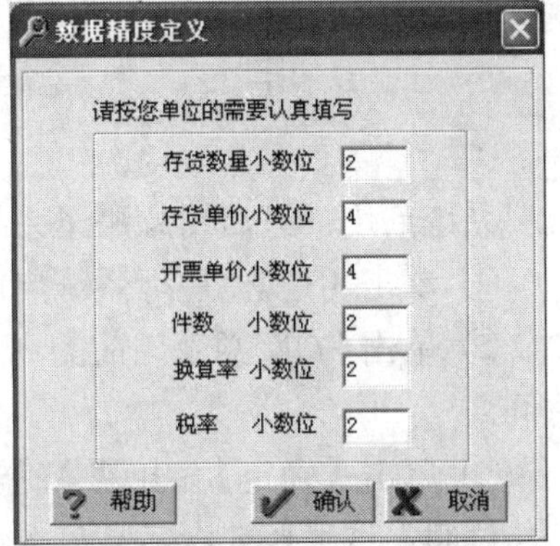

图 2-16　数据精度定义界面

（7）系统启用，如图 2-17、图 2-18、图 2-19 所示。

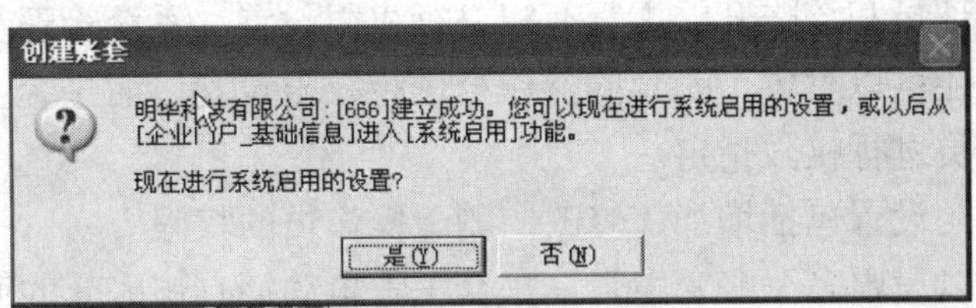

图 2-17　启用系统

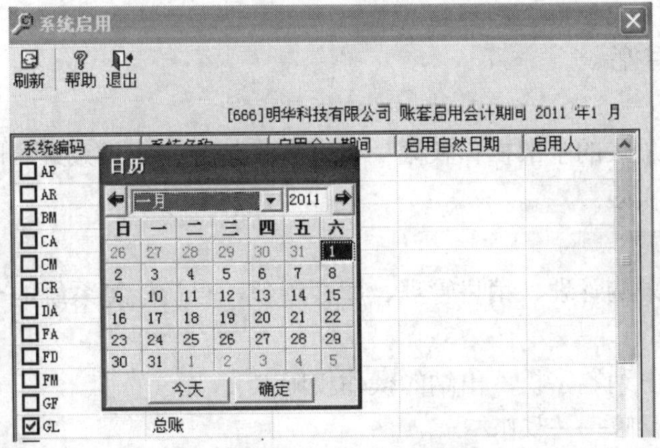

图 2-18　确定系统启用日期

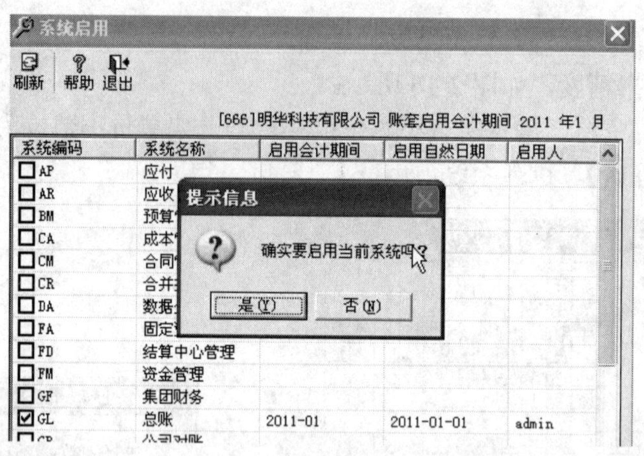

图 2-19　启用系统

系统启用：只启用总账子系统，启用日期为 2011.01.01。

① 单击【是】，进行系统启用

② 单击“GL 总账”前的小方框，然后在打开的日历中设置总账子系统的启用时间。

③ 单击【确定】，出现“确实要启用当前系统吗”时，单击【是】。

说明：这里也可以不启用系统，可以在企业门户中进行系统的启用。

（四）设置操作员权限

操作员权限设置功能是对已设置的操作员进行赋权。

只有系统管理员和该账套的主管有权进行权限设置。系统管理员可以指定某账套的账套主管，还可以对各个账套的操作员进行权限设置。而账套主管只可以对所管辖账套的操作员进行权限指定。

操作员权限的设置包括增加、修改、删除操作员的权限。

一个账套可以设定多个账套主管。账套主管自动拥有该账套的所有权限。

任务 2-5　设置操作员权限

（1）01 李明

权限：账套主管。

（2）02 张有

权限：具有总账的全部操作权限；具有应收系统、应付系统、固定资产和工资系统的全部操作权限。

（3）03 王丽丽

权限：具有采购管理、销售管理、库存管理、存货核算系统的全部操作权限。

（4）04 李华

权限：具有出纳签字权、出纳的操作权限。

操作提示：权限——权限

注意：设置权限应该先选择账套，再选择人员，再设置权限。

详细步骤：

（1）确定账套主管，如图 2-20 所示

财务分工的第一项工作是确定新账套的主管，以便于进行该账套的修改和所选年度内账套的管理以及该账套操作员权限的设置。

① 在【系统管理】窗口的【权限】菜单中单击【权限】，出现【操作员权限】窗口。

② 在【账套选择】对话框中，选择指定的账套：666。

③ 在年度对话框中选择年度；如：2011 年。

④ 选择“李明”，选中【账套主管】选项，即确定“李明”具有会计主管权限。

说明：系统默认账套主管自动拥有全部权限。

操作员权限

打印 预览 输出 修改 删除 刷新 帮助 退出　☑账套主管　[666]明华科技有限公司　2011

操作员ID	操作员全名	用户类型
OPER-QA-0007	质量工程师	角色
OPER-QA-0008	采购检验主管	角色
OPER-QA-0009	成品检验主管	角色
OPER-QA-0010	采购检验员	角色
OPER-QA-0011	成品检验员	角色
OPER-QA-0012	文控员	角色
OPER-SA-0002	价格监管员	角色
OPER-SA-0003	信用监管员	角色
OPER-ST-0003	质量养护员	角色
OPER-ST-0004	质量复核员	角色
01	李明	用户
02	张有	用户
03	王丽丽	用户
04	李华	用户

权限ID	权限名称	隶属系统
admin	系统管理	GSP质量管理
admin	系统管理	UFO报表
admin	系统管理	报账中心
admin	系统管理	财务WEB
admin	系统管理	财务分析
admin	系统管理	采购管理
admin	系统管理	成本管理
admin	系统管理	存货核算
admin	系统管理	工资管理
admin	系统管理	公共单据
admin	系统管理	公司对账
admin	系统管理	公用目录设置
admin	系统管理	固定资产
admin	系统管理	管理驾驶舱

图 2-20　设置操作员李明具有账套主管权限

（2）给操作员赋权

① 选择操作员：张有

② 单击【修改】按钮。

③ 在“增加和调整权限”对话框中，找到相应的权限并选中，如“GL 总账”，单击它前面的小方框，里面出现√时，表明选中，同理，找到并选中应收系统、应付系统、固定资产和工资系统的。

④ 单击【确定】，返回。

⑤ 张有的权限就设置完成

⑥ 单击【退出】。根据业务资料取消其部分权限，在右框中双击需取消的权限项，使之变白色，即可满足要求。

同样方法，我们可以给王丽丽设置采购管理、销售管理、库存管理、存货核算系统的全部操作权限；给李华设置出纳签字权、出纳的操作权限，如图 2-21 所示。

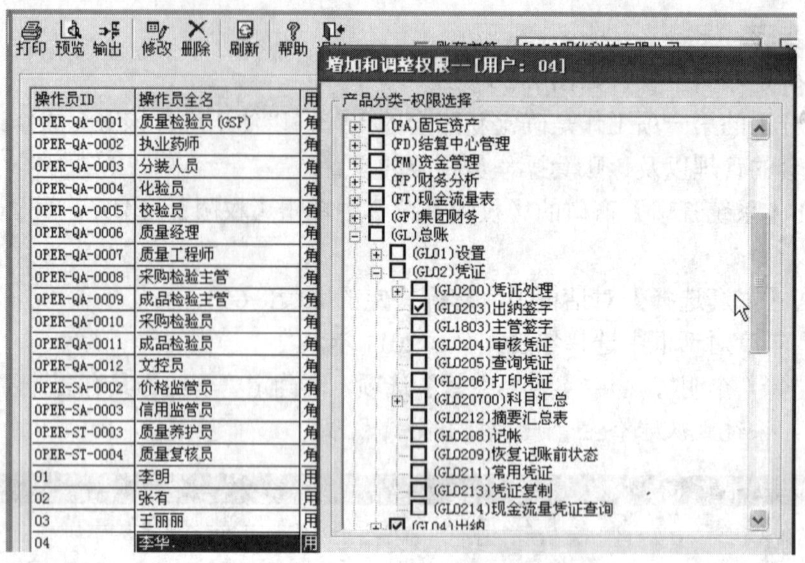

图 2-21　给操作员设置权限

任务 2-6　账套的修改、引入和输出

（1）修改账套

① 以李明身份注册 666 账套。

说明：以“账套主管”的身份注册，进入【系统管理】，此时，系统的建立账套、引入账套、输出账套、操作员等功能变灰，表示账套主管不具备这些权限。而修改账套却变为可选项。

② 在【账套】菜单中单击【修改】。

③ 账套主管可根据企业的实际需要修改账套信息，例如修改传真号码：58582289。

④ 单击【下一步】，继续修改其他内容。

（2）会计数据备份、输出账套

由于计算机在运行时经常会受到来自各方面因素的干扰，如人的因素、硬件的因素、软件或计算机病毒等因素，有时会造成会计数据被破坏。因此，【系统管理】中为您提供了【账套输出】功能和【账套引入】功能。

会计数据备份工作可经常进行，在下列情况下，必须做数据备份：每月结账前和业务处理结束后；更新软件版本前；硬盘需要进行格式化；会计年度终了进行结账时。输出账套时，还可以进行账套删除。

① 以系统管理员身份进入【系统管理】。在【账套】菜单中单击【输出】。

提示：只有系统管理员才有权限输出账套。在删除账套时，必须关闭所有系统模块。

② 选择要输出的账套：（666）明华科技有限公司。

③ 如想删除源账套，则单击【删除当前输出账套】选项。

④ 单击【确认】。

⑤ 经过压缩进程，根据系统的提示，输入备份的目录，单击【确定】。

（3）会计数据恢复、引入账套

提示：恢复备份数据会将硬盘中现有的数据覆盖，容易造成错把硬盘上的最新数据变成以前备份的旧数据，因此如果没有发现数据损坏，一般不用进行数据恢复；如果需要恢复往年数据时，必须先将硬盘数据备份，保存最新的数据，再恢复往年数据。需要注意的是：对于有定期将子公司账套数据引入到总公司系统中的用户，可在建立账套时就进行规划，使各公司的账套号不一致，这样在引入子公司数据时就不会出现覆盖其他公司账套数据的情况。

① 以系统管理员身份进入【系统管理】。在【账套】菜单中单击【引入】。

② 选择所要引入的账套数据备份文件，前缀名统一为 uferpact。

③ 单击【打开】，确认。

④ 系统出现提示对话框。单击【是】。

⑤ 经过一段恢复过程，系统出现提示对话框"【666】账套引入成功"，单击【确定】。

练 习 题

一、单选题

1. 若会计科目的编码方案为 4-2-2-2，则某会计科目的三级科目全编码为（　　）。

A. 100101　　B. 10010102　　C. 1001010101　　D. 0101

2. 建立账套时，需要以（　　）的身份注册系统管理。

A. admin　　B. 财务主管　　C. 账套主管　　D. 财务总监

3. 系统最多可以建立（　　）套账。

A. 996　　B. 997　　C. 998　　D. 999

4. 以系统管理员的身份注册系统管理，不能进行的操作是（　　）。

A. 建立账套　　B. 修改账套　　C. 输出账套　　D. 引入账套

5. 下列不属于建立账套时建立的信息有（　　）。

A. 设置账套信息　　B. 设置单位信息

C. 确定核算类型　　D. 输入期初余额

6.（　　）可以指定某账套的账套主管。

A. 财务主管　　B. 软件操作员　　C. 系统管理员　　D. 财务总监

7. 若会计科目的编码方案为 3-2-2，则下列正确的编码为（　　）。

A. 1010101　　B. 102002　　C. 101101　　D. 102021

8. 以账套主管的身份注册系统管理，不能进行的操作是（　　）。

A. 建立账套　　B. 修改账套　　C. 年度账清空　　D. 年度账引入

9.（　　）模块的主要功能是对软件的各个子系统进行统一的操作管理和数据维护。

A. 总账　　B. 系统初始化　　C. 系统管理　　D. UFO 报表

10.（　　）是区分不同账套数据的唯一标志。

A. 账套号　　B. 账套名称　　C. 单位名称　　D. 账套主管

11. 操作员初始密码由（　　）指定。

A. 企业总经理　　B. 系统管理员　　C. 账套主管　　D. 销售总监

12. 某账套的科目编码规则是 3222，下列代码中不是正确的科目代码的是（　　）。

A. 521　　B. 52112　　C. 52115121　　D. 5212426

13. 会计科目编码一般采用（　　）的编码方法。

A. 顺序数字码　　B. 拼音码　　C. 分组数字码　　D. 随机指定

14. 账务处理系统的启用日期是指开始（　　）的时间。

A. 账务处理　　B. 录入余额　　C. 建立账套　　D. 都不是

15. 为了明确操作员的工作范围和职责，应为每个操作员设定（　　）。

A. 操作员代码　　B. 操作权限　　C. 操作员姓名　　D. 操作时间

16. 为了保证会计信息的安全性和可靠性，系统通过对操作员和（　　）的集中管理，对系统操作进行严密的内部控制。

A. 口令　　B. 操作权限　　C. 账套　　D. 账簿

17. 会计信息化后的以下工作岗位与企业经营业务无关的是（　　）。

A. 系统管理员　　B. 数据输入员　　C. 数据审核员　　D. 数据分析员

18. 在总账子系统中，系统管理员有权进行的工作是（　　）。

A. 分配每个人的工作权限　　B. 设置会计科目

C. 查阅其他人的密码　　D. 代替其他人进行工作

19. 数据备份是为了防备因（　　）引起的数据丢失而采取的一项措施。

A. 系统故障　　B. 病毒入侵　　C. 错误操作　　D. 以上全部

二、多选题

1. 建立单位核算账套时，必须设置的基本信息包括（　　）

A. 启用日期　　B. 系统管理员　　C. 记账本位币　　D. 单位名称

2. 账套建立完成之后，（　　）不能修改。

A. 账套号　　B. 启用会计期　　C. 账套主管　　D. 账套名称

3. 建立账套时需设置的信息包括（　　）。

A. 设置账套信息　　B. 设置凭证类别

C. 设置启用日期　　D. 输入期初余额

4. 下列属于系统管理员的操作权限是（　　）。

A. 建立账套　　B. 分配操作员权限

C. 设置账套主管　　D. 年度账结转

5. 用友软件中，关于账套主管的说法正确的是（　　）。

A. 一个账套可以设定多个账套主管

B. 账套主管自动拥有该账套的所有权限

C. 一个账套可以不设定账套主管

D. 账套主管是由系统管理员设定的

6. 系统允许以（　　）身份注册进入系统管理。

A. 系统管理员　B. 财务主管　C. 账套主管　D. 财务总监

三、判断题

1. 所设置的操作员一旦被引用，仍可以被修改和删除。（　　）

2. 账套号是区别不同账套的唯一标识。（　　）

3. 建立账套时，如果选择“是否按行业预置科目”，则系统会自动建立企业所需的所有会计科目。（　　）

4. 一个账套可以设定多个账套主管。（　　）

5. 账套主管负责所选账套的维护工作。主要包括对所选账套进行修改. 对年度账进行管理，以及该账套操作员权限的设置等。（　　）

6. 账套主管自动拥有所管辖账套所有模块的操作权限。（　　）

7. 单位名称是区分系统内不同账套的唯一标志。（　　）

8. 账套路径一般由系统默认，用户不能修改。（　　）

9. 操作员如果以其身份进入系统进行操作后，系统管理员则没有权利修改其口令。（　　）

10. 一个账套只能设定一个账套主管。（　　）

11. 选择记账本位币的功能应由初始化功能模块提供。（　　）

12. 账务处理系统中，建立账套一般需要确定系统的启用日期、使用单位、所属行业和科目编码规则等内容。（　　）

13. 账务处理系统的操作员应经常更新自己的口令。（　　）

14. 数据恢复可能会破坏正确的数据，因此在恢复数据时，必须先将硬盘数据备份，保存最新的数据，再恢复数据。（　　）

15. 任何操作员都可以在账务处理系统中添加操作员。（　　）

16. 设定人员分工情况并给出权限是会计核算软件初始化工作中的必要环节。（　　）

17. 操作权限维护包括上机人员操作权限和口令管理，都只由系统管理员完成。 （ ）

18. 只有系统管理员才能增加操作员。 （ ）

四、思考题

1. 系统启用前需准备哪些数据？
2. 系统管理员（admin）和账套主管的区别。
3. 系统初始化都需要设置哪些内容？
4. 账套引入导出的意义。

第三章　总账子系统概述

【知识目标】

1. 了解建立会计核算的基础环境的意义；

2. 理解总账子系统的任务和主要功能；

3. 掌握总账子系统的业务处理流程；

4. 理解并掌握总账子系统初始化操作的内容及方法。

【技能目标】

1. 理解各系统控制参数的含义，并尝试使用；

3. 学会总账子系统的初始化操作，包括：基础档案录入、会计科目设置、凭证类别设置、科目余额录入、结算方式设置等。

第一节　总账子系统的任务

总账子系统就是完成账务处理的系统。账务处理是指从归集原始凭证、编制记账凭证开始，通过登账、记账、结账等一系列会计核算处理，最终编制出会计报表的过程。

具体任务如下：

1. 采集和输入各种原始凭证，完成凭证处理。

2. 对凭证信息做进一步确认和处理，实现明细账、日记账、总账及辅助核算账的登记工作。

3. 输出某一会计期间内的所有业务核算信息。

4. 及时、准确地编制会计报表。

5. 建立与其他子系统的数据接口，实现会计数据的及时传递和数据共享。

第二节　总账子系统的主要功能

总账子系统是以记账凭证数据为日常业务起点，通过凭证输入和处理、记账、期末处理等工作形成会计信息，然后通过账簿输出和通用报表系统生成会计报表、完成总账子系统信息输出。一般还设置了往来核算管理、部门核算、项目核算和管理、出纳管理等功能。其基本功能结构如图 3-1 所示。

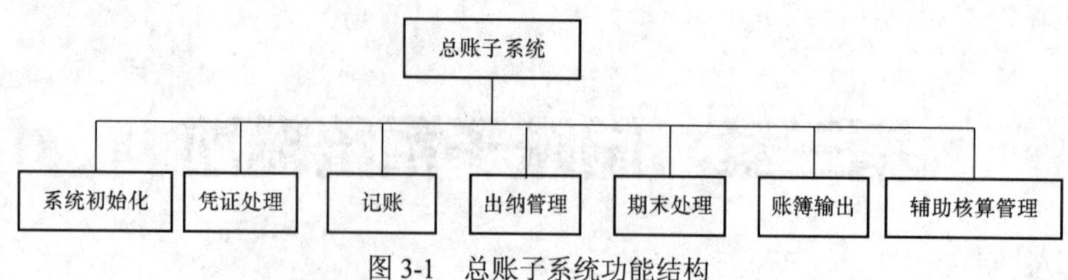

图 3-1 总账子系统功能结构

一、系统初始设置

系统初始设置是将手工会计业务数据移植到计算机中的一系列准备工作。

包括：为了进行日常业务处理所必须具备的会计科目设置、初始余额装入、凭证类型设置、汇率设置等；为了进行辅助核算所必须具备的其他设置，如职员档案、部门档案、客户档案、供应商档案、项目档案等，此外，还要定义基础参数、设置业务处理规则等。

二、系统日常业务

1. 会计凭证处理。

会计凭证处理是总账子系统日常业务处理的基础和重要内容。

包括：凭证的填制、审核、修改、查询、打印、汇总、自动转账凭证生成等功能。通过凭证处理功能，原始会计数据变成了存储在记账凭证文件中的会计信息。

2. 记账处理。

记账处理是对凭证数据的一种分类汇总；是把已经审核的记账凭证数据逐笔登记各种账簿的过程。通过记账处理，会计凭证数据变成了按照账户分类的会计信息存储在账簿文件中。

3. 期末处理。

期末处理包括自动转账凭证定义（一次就行）、试算平衡与对账和期末结账等功能，是每个会计期间的期末需要做的工作。

4. 出纳管理。

出纳管理功能是为了辅助出纳员的工作而设置的，一般包括现金、银行存款日记账、支票登记、银行对账等功能。

5. 账表输出。

总账子系统记账后生成的数据都存放在各种账簿数据文件中，通过账表输出功能 可以查询和打印输出各种账表，如总分类账、明细账、日记账、多栏账、辅助核算账簿等，同时可装订成册存档。

6. 辅助核算。

辅助核算包括项目核算、部门核算、往来核算。

第三节　总账子系统业务处理流程

一、传统手工会计处理流程

（一）会计核算处理程序的种类

会计核算处理程序有四种：记账凭证核算组织程序、科目汇总表核算组织程序、汇总记账凭证核算组织程序、多栏日记账核算组织程序。这四种核算处理流程的共同之处都是从归集原始凭证、编制记账凭证开始，通过登账，最后完成会计报表的编制。其差别主要是登记账的方法和依据不同。传统手工会计处理流程如图 3-2 所示。

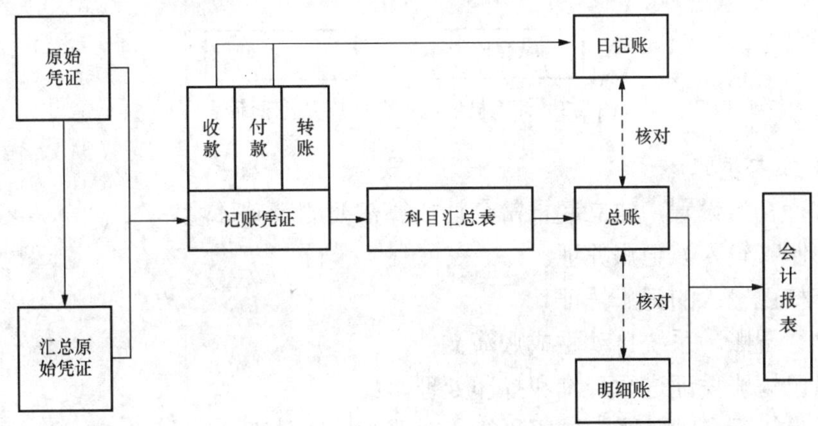

图 3-2　手工方式下会计处理流程

（二）主要步骤

1. 会计人员根据原始凭证或原始凭证汇总表编制收款凭证、付款凭证和转账凭证。

2. 根据收款凭证、付款凭证逐笔登记现金、银行存款日记账。

3. 根据原始凭证或原始凭证汇总表、收款凭证、付款凭证或转账凭证逐笔登记各种明细分类账。

4. 根据收款凭证、付款凭证、转账凭证定期填制科目汇总表。

5. 根据科目汇总表登记总分类账。

6. 月终，现金日记账和银行存款日记账的余额以及各种明细分类账户的余额合计数分别与相应的总分类账户余额核对相符。

7. 月终，根据总分类账、各种明细分类账的有关资料编制会计报表。

二、计算机环境下会计核算处理流程

（一）流程图

计算机环境下会计核算处理流程如图 3-3 所示。

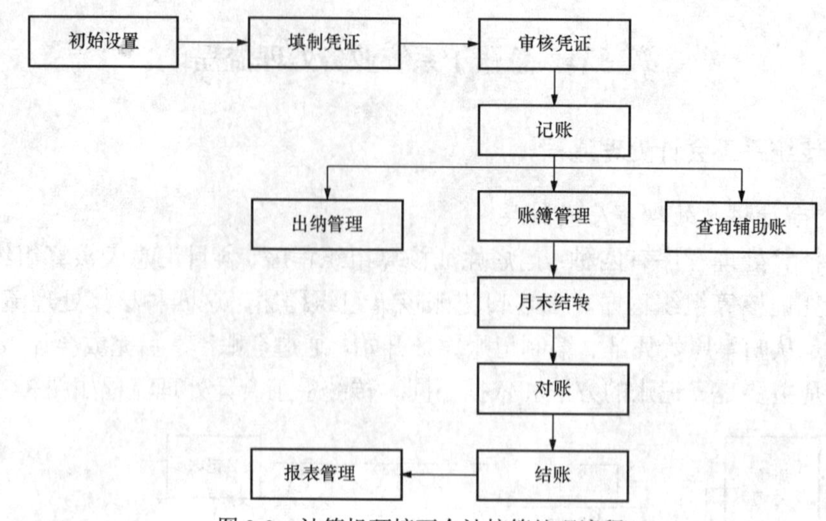

图 3-3　计算机环境下会计核算处理流程

（二）主要步骤

1. 进行初始设置，建立起日常会计核算需要的基础环境。
2. 填制（输入）记账凭证。
3. 审核已输入的记账凭证。
4. 执行记账，系统自动生成账簿文件。
5. 对已记账凭证进行查询和打印处理。
6. 月末进行自动转账、试算平衡、对账和结账处理。
7. 在报表系统根据总账数据定义并生成会计报表。

第四节　总账子系统的初始化

总账子系统的初始化设置类似于手工方式下选定记账方式、确定会计科目和账户、设计记账凭证、制定记账规则、结转期初余额等初始建账工作。一般由财务主管或账务主管指定的专人进行。初始化工作在系统投入使用时进行，以后一般不再重新设置或修改，如需修改应在年末结账后进行。

总账子系统的初始化工作在用友 ERP-U8 的企业门户中设置完成。

一、系统控制参数设置

在总账初始化中需要设置业务控制参数包括：制单控制、凭证控制、外币核算、预算控制、账簿打印格式控制、会计日历控制及其他参数控制。企业应根据实际情况，在建立账套之前正确选择适合于本企业的各种参数，以达到会计核算和财务管理的目的。系统控制参数可以在首次启用一个新建账套的总账子系统时设置，也可以在启用总账子系统之后，再进一步的设置。

打开总账的“选项”设置，分为“凭证”、“账簿”、“会计日历”、“其他”四部分内容。

“凭证”共分为六大块：制单控制、凭证控制、凭证编号方式、外币核算、预算控制、合并凭证显示打印。对常用项说明如下：

1. 凭证控制设置。

（1）制单控制：在填制凭证时，系统所能够进行的控制。

制单序时控制：制单时，凭证编号必须按日期顺序排列。由于系统默认凭证保存时不按凭证号顺序排列而按日期顺序排列，如不按序时制单，将出现“凭证假丢失”现象。如有特殊需要，可将其改为不按序时制单，则在制单时凭证号必须按日期顺序排列。

资金与往来赤字控制：选择了资金及往来赤字控制，则在制单时，当库存现金、银行存款科目的最新余额出现负数时，系统将予以提示。

可以使用其他系统受控科目。若某科目为其他系统的受控科目（如客户往来科目为应收、应付系统的受控项目），一般说来，为了防止重复制单，应只允许其受控系统来使用该科目进行制单，总账系统是不能使用此科目进行制单的，但如果您希望在总账系统中也能使用这些科目填制凭证，则应选择此项。

允许修改他人填制的凭证。

支票控制。选择支票控制，在制单时录入了未在支票登记簿中登记的支票号，系统将提供登记支票登记簿的功能。

制单权限控制到科目。在制单时操作员只能用具有相应制单权限的科目制单。

（2）凭证编号方式：系统编号和手工编号。

（3）凭证控制：在处理凭证时，系统能够进行的控制。

凭证审核控制到操作员：系统允许对审核凭证权限作进一步细化。

出纳凭证必须经由出纳签字。含有库存现金、银行存款科目的凭证必须由出纳人对其核对签字后才能记账。出纳人员可通过出纳签字功能对制单员填制的带有现金银行科目的凭证进行检查核对，主要核对出纳凭证的出纳科目的金额是否正确，审查认为错误或有异议的凭证，应交与填制人员修改后再核对。

（4）外币核算：汇率固定还是浮动。

（5）预算控制。

（6）合并凭证显示及打印。

2. 账簿设置。

用来调整各种账簿的输出方式及打印要求及账簿查询的一些控制等。

任务 3-1　设置系统控制参数

要求：总账系统中，设置“出纳凭证必须经由出纳签字”“制单序时控制”“资金及往来赤字控制”等控制参数。

操作提示：1. 以 01 身份启动“企业门户”

2. 业务——财务会计——总账——设置——选项——凭证，单击编辑，进行设置，单击确定。

详细步骤：

（1）启动与注册“企业门户”。

① 单击【开始】，依次指向【所有程序】、【用友 ERP-U8】，再单击【企业门户】

② 选择【账套】：666。

③ 选择【会计年度】：2011。

④ 输入【操作日期】：2011-01-01。

⑤ 选择【用户名】：01。

⑥ 输入【密码】：1。

⑦ 单击【确定按钮】。

（2）设置业务处理控制参数，如图 3-4 所示。

① 单击【业务】、【财务会计】、【总账】、【设置】、【选项】，进入【账簿选项】对话框，即可进行账簿选项的设置与修改，主要用来设置各账簿的打印格式。

② 单击【凭证】标签页。

③ 在【制单控制】中，分别选中【制单序时控制】、【资金及往来赤字控制】，其余为默认。

④ 在【凭证控制】中，选中【出纳凭证必须由出纳签字】。

⑤ 在【外币核算】中，选中【固定汇率】。

⑥ 选中【预算控制】方式。

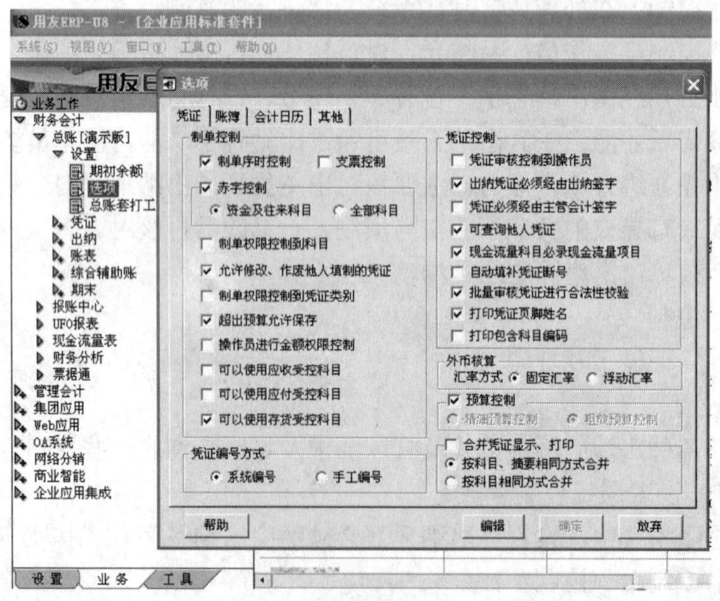

图 3-4 系统控制参数设置

二、会计科目设置

会计科目设置的功能就是将各单位会计核算中使用的科目录入到系统的科目文件中，实现对会计科目的管理。

1. 科目设置的内容。

科目编码：设计会计科目编码首先从一级科目开始，逐级向下设置明细科目。

例如：某单位原科目编码体系 4-2-2，科目代码设置举例如下：

科目编码	科目名称
1122	应收账款
112201	客户甲
112202	客户乙
1231	其他应收款
123101	应收职工借款
12310101	张洋
12310102	李明

在使用总账系统进行会计核算时，上述科目体系可以如下设置：

科目编码	科目名称	辅助核算
1122	应收账款	客户往来
1231	其他应收款	
123101	应收职工借款	职员往来

同时把客户甲、乙和职工张洋李明的信息分别在往来客户、往来个人处进行登记。

科目类型：资产、负债、共同类、所有者权益、成本、损益等六类。

科目名称：本级科目名称，中文版软件必须录入中文名称。

助记码：用于帮助记忆科目，提高录入和查询速度。

科目性质（余额方向）：增加记借方的科目，科目性质为借方；增加记贷方的科目，科目性质为贷方。一般情况下，只设置一级科目的科目性质，下级科目与其一级科日的性质相同。

账页格式：定义该科目在账簿打印时的默认打印格式。

辅助核算：辅助核算也叫辅助账类，用于说明本科目是否有其他核算要求。系统除完成一般的总账、明细账核算外，还提供部门核算、个人往来核算、客户往来核算、供应商往来核算、项目核算等五种专项核算功能供选用。

2. 注意事项。

增加的会计科目编码长度及每级编码位数要符合编码规则。

会计科目应输入全码，且各级编码必须唯一。

科目一经使用，就不能再增设下级科目，只能增加同级科目。

由于建立会计科目的内容较多，很多辅助核算内容会对后面凭证输入操作产生影响，因此在建立会计科目时，要小心并反复检查。

任务 3-2 请参照表 3-1 设置调整会计科目

说明：实际工作中应使用现行会计制度科目，“2007 年新会计准则科目”是财政部 2006 年年底推出的最新会计科目，软件用友 ERP-U8（v8.52 版）也可以通过升级或打补丁的方法对科目进行升级转换，为了方便上机操作，会计科目名称我们参考 2007 新会计准则，科目编码有所调整。

表 3-1 2011 年 1 月会计科目体系

<table>
<tr><th>科目名称</th><th>账类</th><th>方向</th><th>币别/计量</th></tr>
<tr><td>库存现金（1001）</td><td>日记</td><td>借</td><td></td></tr>
<tr><td>银行存款（1002）</td><td></td><td>借</td><td></td></tr>
<tr><td>人民币户（100201）</td><td>银行日记</td><td>借</td><td></td></tr>
<tr><td rowspan="2">美元户（100202）</td><td rowspan="2">银行日记</td><td>借</td><td></td></tr>
<tr><td>借</td><td>美元</td></tr>
<tr><td>应收票据（1121）</td><td>客户往来</td><td>借</td><td></td></tr>
<tr><td>应收账款（1122）</td><td>客户往来</td><td>借</td><td></td></tr>
<tr><td>预付账款（1123）</td><td>供应商往来</td><td>借</td><td></td></tr>
<tr><td>其他应收款（1231）</td><td></td><td>借</td><td></td></tr>
<tr><td>备用金（123101）</td><td>部门核算</td><td>借</td><td></td></tr>
<tr><td>应收个人款（123102）</td><td>个人往来</td><td>借</td><td></td></tr>
<tr><td>坏账准备（1241）</td><td></td><td>贷</td><td></td></tr>
<tr><td>材料采购（1401）</td><td></td><td>借</td><td></td></tr>
<tr><td>原材料（1403）</td><td></td><td>借</td><td></td></tr>
<tr><td rowspan="2">CD-RW 光盘片（140301）</td><td rowspan="2">数量金额</td><td>借</td><td></td></tr>
<tr><td>借</td><td>张</td></tr>
<tr><td rowspan="2">CD-R 光盘片（140302）</td><td rowspan="2">数量金额</td><td>借</td><td></td></tr>
<tr><td>借</td><td>张</td></tr>
<tr><td rowspan="2">软盘（140303）</td><td rowspan="2">数量金额</td><td>借</td><td></td></tr>
<tr><td>借</td><td>盒</td></tr>
<tr><td>库存商品（1406）</td><td></td><td>借</td><td></td></tr>
<tr><td rowspan="2">多媒体教程（140601）</td><td rowspan="2">数量金额</td><td>借</td><td></td></tr>
<tr><td>借</td><td>套</td></tr>
<tr><td rowspan="2">电子商务讲座（140602）</td><td rowspan="2">数量金额</td><td>借</td><td></td></tr>
<tr><td>借</td><td>套</td></tr>
<tr><td rowspan="2">多媒体开发工具（140603）</td><td rowspan="2">数量金额</td><td>借</td><td></td></tr>
<tr><td>借</td><td>套</td></tr>
</table>

续表

科目名称	账类	方向	币别/计量
网页制作工具（140604）	数量金额	借	
		借	套
多媒体课件（140605）	数量金额	借	
		借	套
固定资产（1601）		借	
累计折旧（1602）		贷	
固定资产清理（1606）		借	
无形资产（1701）		借	
累计摊销（1702）		贷	
短期借款（2001）		贷	
应付票据（2201）	供应商往来	贷	
应付账款（2202）	供应商往来	贷	
预收账款（2205）	客户往来	贷	
应付职工薪酬（2211）		贷	
工资（221101）		贷	
职工福利（221102）		贷	
社会保险（221103）		贷	
应交税费（2221）		贷	
应交增值税（222101）		贷	
进项税额（22210101）		贷	
销项税额（22210102）		贷	
转出多交增值税（22210103）		贷	
转出未交增值税（22210104）		贷	
应交营业税（222102）		贷	
应交城建税（222103）		贷	
应交所得税（222104）		贷	
未交增值税（222105）		贷	
应交个人所得税（222106）		贷	
其他应付款（2241）		贷	
应付利息（2232）		贷	
实收资本（3001）		贷	
资本公积（3002）		贷	
盈余公积（3101）		贷	
本年利润（3103）		贷	
利润分配（3104）		贷	
提取盈余公积（310401）		贷	

续表

科目名称	账类	方向	币别/计量
应付股利（310402）		贷	
未分配利润（310403）		贷	
生产成本（4001）		借	
直接材料（400101）	项目核算	借	
直接工资（400102）	项目核算	借	
制造费用（400103）	项目核算	借	
生产成本转出（400199）	项目核算	借	
制造费用（4101）		借	
工资费用（410101）	项目核算	借	
折旧费用（410102）	项目核算	借	
其他费用（410103）	项目核算	借	
主营业务收入（5001）		贷	
多媒体教程（500101）	数量金额	贷	
电子商务讲座（500102）	数量金额	贷	
多媒体开发工具（500103）	数量金额	贷	
网页制作工具（500104）	数量金额	贷	
多媒体课件（500105）	数量金额	贷	
其他业务收入（5051）		贷	
营业外收入（5301）		贷	
主营业务成本（5401）		借	
多媒体教程（540101）	数量金额	借	
电子商务讲座（540102）	数量金额	借	
多媒体开发工具（540103）	数量金额	借	
网页制作工具（540104）	数量金额	借	
多媒体课件（540105）	数量金额	借	
其他业务成本（5402）		借	
营业税金及附加（5405）		借	
销售费用（5501）		借	
工资费用（550101）		借	
折旧费用（550102）		借	
办公费用（550103）		借	
其他费用（550104）		借	
管理费用（5502）		借	
工资费用（550201）	部门核算	借	
折旧费用（550202）	部门核算	借	
办公费用（550203）	部门核算	借	

续表

科目名称	账类	方向	币别/计量
业务招待费（550204）	部门核算	借	
其他费用（550205）	部门核算	借	
财务费用（5503）		借	
利息支出（550301）		借	
银行手续费（550302）		借	
所得税（5701）		借	

操作提示：以 01 号操作员的身份登录企业门户，选择设置选项卡，基础档案——财务——会计科目，然后进行增加、删除或者修改等操作。

详细步骤：

（1）增加会计科目，如图 3-5 所示。

首先，预览会计科目。

① 在企业门户中，单击【设置】、【基础档案】、【财务】、【会计科目】。

② 预览系统预置的会计科目表的详细属性。

其次，增加明细科目。

如：银行存款（1002）增加两个二级科目，人民币户（100201）和美元户（100202）

① 在【会计科目】窗口中，单击【增加】，进入【会计科目_新增】对话框。

② 输入科目编码：100201。

③ 输入科目中文名称：人民币户。

④ 选择账页格式：金额式。输入助记码为 RMBH。

⑤ 确定金额方向：借方。

⑥ 单击【确定】按钮。

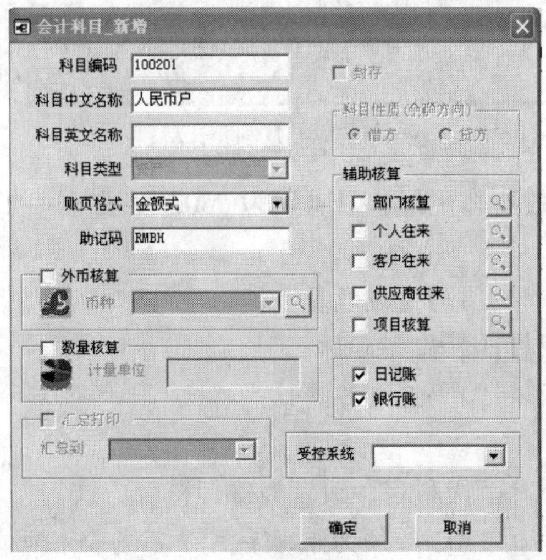

图 3-5　增加会计科目

同样方法，可以增加美元户科目及其他预置科目中没有的会计科目。

提示：增加一级科目时应注意科目类型及科目性质。增加的会计科目编码长度及每段位数要符合编码规则，编码不能重复，编码不能越级；科目一经使用，即已输入余额或凭证，不允许作科目升级处理，即只能增加同级科目，而不能增设下级科目。增加明细科目时，系统默认其类型与上级科目保持一致。

第三，复制会计科目。

这样，可以在原有会计科目基础上增加一个性质相近的科目，如：库存商品（1243）科目下的二级科目：多媒体教程（124301）、电子商务讲座（124302）、多媒体开发工具（124303）、网页制作工具（124304）、多媒体课件（124305）。设置了124301 科目后，就可以通过复制的方式增加其他四个二级科目。

① 在【编辑】菜单中单击【复制】，进入【会计科目_新增】对话框

② 在原有的科目编码：124301 后面 1 改为 2。

③ 将科目中文名称："多媒体教程"改为"电子商务讲座"。其余项目默认原科目的设置。

④ 单击【确定】按钮

第四，成批复制会计科目，如图 3-6 所示。

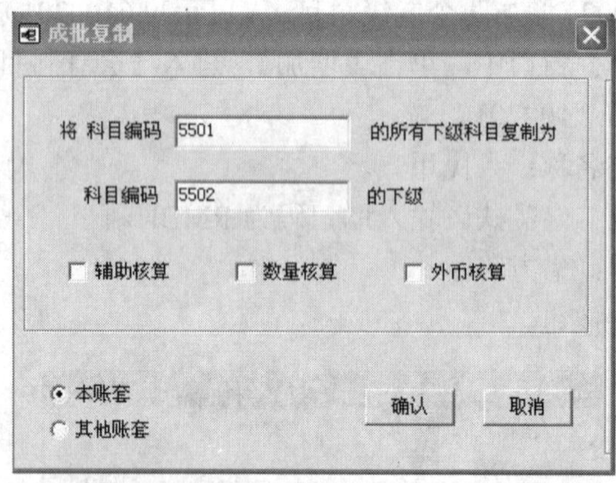

图 3-6　成批复制会计科目

将 5501 销售费用的所有下级科目复制为 5502 管理费用的下级，并需要设为部门辅助核算格式。

① 在【编辑】菜单中单击【成批复制】

② 输入被复制的科目编码：5501

③ 输入要复制的科目编码：5502

④ 单击【确认】

⑤ 修改 5502 的所有下级科目，设置为部门核算方式。

提示：要复制的科目 5502 必须为末级科目；不完全相同的地方可以通过修改调整。

（2）修改会计科目，如图 3-7 所示。

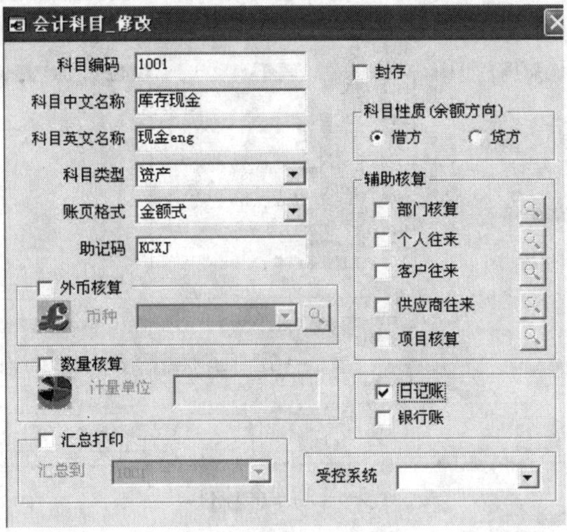

图 3-7　修改会计科目

修改科目中的某些项目，如“1001 现金”科目需要改为库存现金并设置现金日记账管理。

① 将光标定在需要修改的会计科目上，例如：1001 现金。单击【修改】按钮或双击该会计科目，进入【会计科目_修改】对话框

② 单击【修改】，进入修改状态，把科目名称“现金”改为“库存现金”，再单击【日记账】。

③ 单击【确定】。

说明：已有数据的科目不能修改科目性质；被封存的科目在制单时不可以使用；只有处于修改状态才能设置汇总打印和封存。成批修改会计科目时，可使用“<”、“>”按钮，直接查找科目进行修改。

（3）删除会计科目

提示：如果科目已制单或已录入期初余额，则不能删除。被指定为现金银行科目的会计科目不能删除；如想删除必须先取消指定。“删除将不能恢复”是指不能自动恢复，以后如需恢复该科目可通过【增加】功能来完成。

① 单击【资产】标签页，将光标定在某一个不需要的科目上

② 单击【删除】，系统弹出提示对话框

③ 单击【确定】，即可将该科目删除

通过上述增加、修改、删除会计科目的方式，可以参照表 3-1 进行会计科目的设置与调整。

（4）指定会计科目，如图 3-8 所示。

指定会计科目是指定出纳的专管科目。指定科目后，才能执行出纳签字。

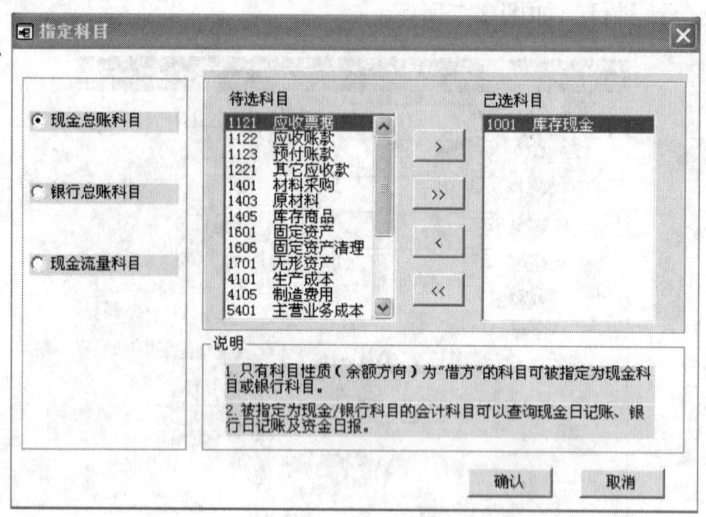

图 3-8　指定会计科目

如指定 666 账套中的银行存款科目为银行总账科目、库存现金为现金总账科目。

① 在【编辑】菜单中单击【指定科目】，出现【指定科目】对话框

② 单击【现金总账科目】单选按钮。

③ 在左框中，选择“1001 库存现金”科目。单击【>】。

④ 单击【银行总账科目】单选按钮。

⑤ 在左框中，选择“1002 银行存款”科目。单击【>】。

⑥ 单击【确认】。

（5）设置辅助核算标记，如图 3-9 所示。

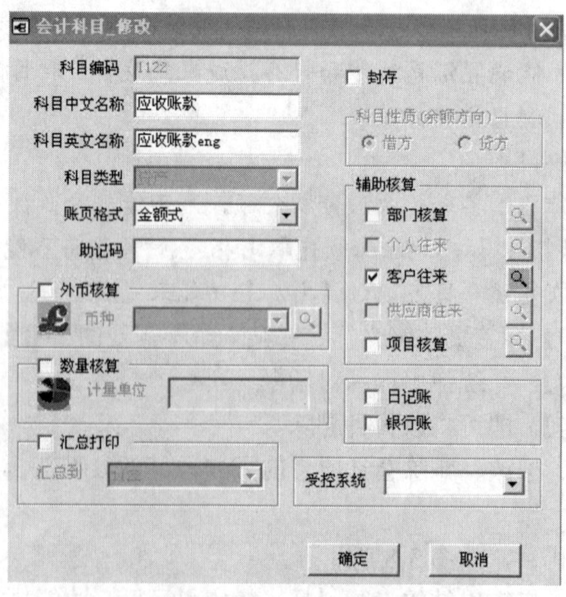

图 3-9　设置辅助核算

在【修改】或【增加】方式下，企业除了完成一般的总账、明细账核算设置外，还可以设置辅助核算。例如：管理费用可设成部门核算，管理费用可设成部门核算，生产成本可设成项目核算，应收账款可设成客户往来核算，应付账款可设成供应商往来核算。

例如：将 666 账套的“1122 应收账款”设置客户往来核算科目。

说明：辅助账类必须设在末级科目上，但为了查询或出账方便，可在其上级和末级科目上同时设置辅助账类。

① 将光标定在“1122 应收账款”科目行上，单击【修改】。

② 单击【客户往来】复选按钮。

③ 单击【确定】，单击【返回】。

三、凭证类型设置

1. 凭证类型。

系统提供五种常用分类方式供选择：

（1）记账凭证。

（2）收款凭证、付款凭证、转账凭证。

（3）现金凭证、银行凭证、转账凭证。

（4）现金收款凭证、现金付款凭证、银行收款凭证、银行付款凭证、转账凭证。

（5）自定义凭证类型。

2. 五种限制。

有些类别的科目在制单时对科目有一定限制，通常系统有五种限制：

（1）借方必有：制单时，此类凭证借方至少有一个限制科目有发生额。

（2）贷方必有：贷方至少有一个限制科目有发生额。

（3）凭证必有：无论借方还是贷方至少有一个限制科目有发生额。

（4）凭证必无：无论借方还是贷方至少有一个限制科目不可以有发生额。

（5）无限制：凭证可使用所有合法的科目。

例如：在会计实务中，“收款凭证”的借方必须是库存现金或银行存款科目。所以在系统中，可将“收款凭证”的限制类型设置为“借方必有”，限制科目为库存现金和银行存款科目。这样做的好处是，在填制一张收款凭证时，若借方出现的不是库存现金或银行存款科目，则凭证不能保存。

注意：

收款凭证的限制类型为“借方必有”，限制科目为“1001,1002”。

付款凭证的限制类型为“贷方必有”，限制科目为“1001,1002”。

转账凭证的限制类型为“凭证必无”，限制科目为“1001,1002”。

任务 3-3　设置凭证类别

将凭证类别设置成表 3-2 所示类型。

表 3-2　凭证类别设置

类别字	类别名称	限制类型	限制科目
收	收款凭证	借方必有	1001,100201,100202
付	付款凭证	贷方必有	1001,100201,100202
转	转账凭证	凭证必无	1001,100201,100202

操作提示：基础档案——财务——凭证类别。

详细步骤：

（1）选择凭证类别，如图 3-10 所示。

① 在企业门户中，单击【设置】、【基础档案】、【财务】、【凭证类别】

② 单击【收款凭证　付款凭证　转账凭证】选项

③ 单击【确定】

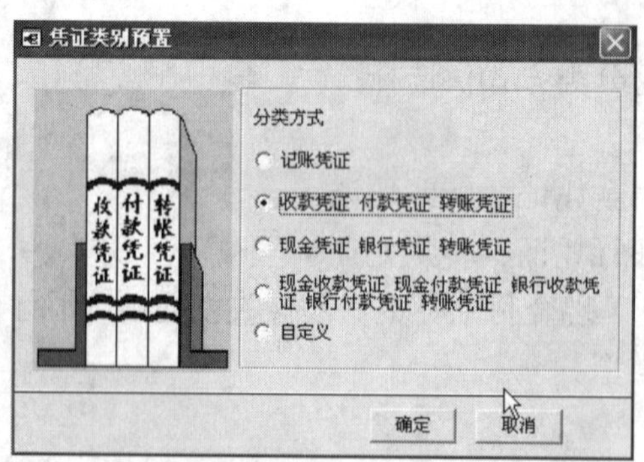

图 3-10　设置辅助核算

（2）确定限制条件，如图 3-11 所示。

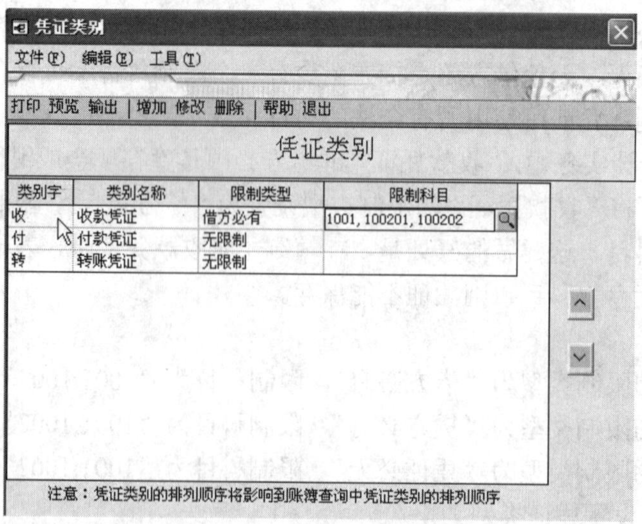

图 3-11　设置凭证限制条件

凭证类别的限制条件是指限制该凭证类别的使用范围。

如：设置“收款凭证”类型的限制条件为：借方必有 1001，100201，100202。

④ 单击【修改】按钮后，再双击【收款凭证】后边的【限制类型】单元格。

⑤ 在【限制类型】框中选择：借方必有。

⑥ 双击【收款凭证】后边的【限制科目】单元格。

⑦ 在【会计科目——参照】对话框中，选择：1001 现金。

⑧ 单击【确定】，返回。重复⑦⑧步骤，继续选择：100201、100202。

提示：用同样的方法，可以设置付款凭证和转账凭证的限制条件。

四、部门、职员、供应商等档案的录入

所有的档案都要进行编码，而且编码方案我们在建账时已经设置，所以，录入档案中的编码项目时要遵循分类编码规则，否则系统无法接受。

1. 部门档案的录入。

部门是指企业现存部门当中的与企业账务核算或业务管理相关的职能单位。

任务 3-4　以 01 身份登录，录入表 3-3 所示的部门档案

表 3-3　部门档案

部门编码	部门名称
1	企划部
2	财务部
3	制作部
4	市场部

详细步骤：

① 在企业门户中，单击【设置】、【基础档案】、【机构设置】、【部门档案】。

② 单击【增加】。

③ 在右框中输入部门编号：1。

说明：部门编号应符合编码级次原则。部门编号及名称必须唯一。

④ 输入部门名称：企划部。如图 3-12 所示。

⑤ 输入部门属性：管理部门。其他为空。

提示：在进行部门档案设置时，负责人先不要输入。部门被其他对象引用后就不能修改和删除。

⑥ 单击【保存】。

⑦ 重复②——⑥操作步骤，可继续增加部门，否则单击【退出】，返回。

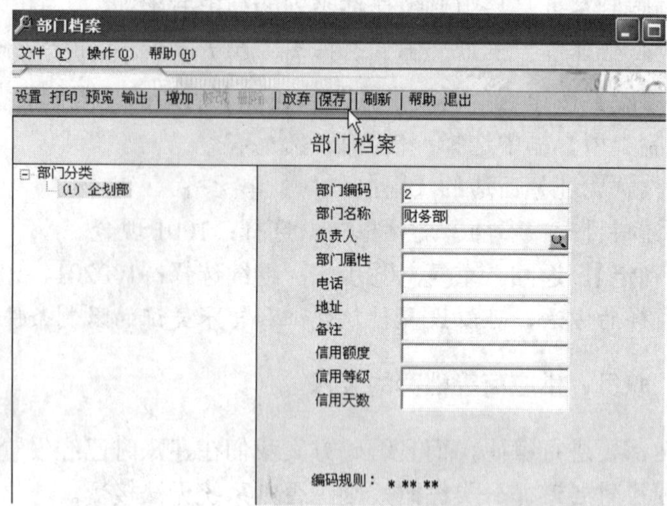

图 3-12 录入部门档案

2. 职员档案的录入。

职员是指与企业业务活动有关的企业员工。

任务 3-5 以 01 身份登录企业门户，录入表 3-4 中的职员档案

表 3-4 职员档案

编号	职员姓名	所属部门	职员属性	编号	职员姓名	所属部门	职员属性
101	郑和平	企划部	总经理	301	黄建国	制作部	部门经理
102	李 煜	企划部	行政秘书	302	孔俊杰	制作部	开发主管
201	李 明	财务部	财务主管	303	冯 结	制作部	开发主管
202	张 有	财务部	会 计	401	李斯奇	市场部	部门经理
203	王丽丽	财务部	会 计	402	付海涛	市场部	销 售
204	李 华	财务部	出 纳	403	梅 眉	市场部	市场推广

详细步骤：

① 在企业门户中，单击【设置】、【基础档案】、【机构设置】、【职员档案】。

② 输入职员编号：101。

③ 输入职员名称：郑和平。

④ 双击所属部门，出现上面已录入的部门档案，选中：企划部。

⑤ 继续输入职员属性：总经理。

⑥ 单击【增加】（或按回车键），即可保存。

⑦ 重复②～⑦步骤可以继续增加新职员，增加完毕，单击【退出】。

提示：输入职员档案完毕后，请返回到【部门档案】中，通过【修改】功能补充设置负责人资料。但职员被其他对象引用后就不能进行修改。

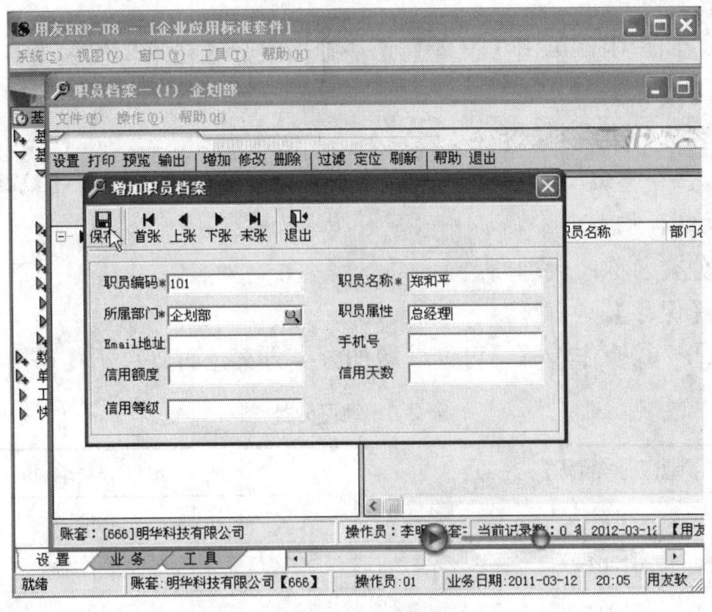

图 3-13　录入职员档案

3. 设置客户分类、地区分类、供应商分类。

任务 3-6　把客户、地区、供应商分别按表 3-5、表 3-6、表 3-7 进行分类

表 3-5　客户分类

分类编码	分类名称
1	代理商
101	一级代理
102	二级代理
9	零散客户

（1）设置客户分类，如图 3-14 所示。

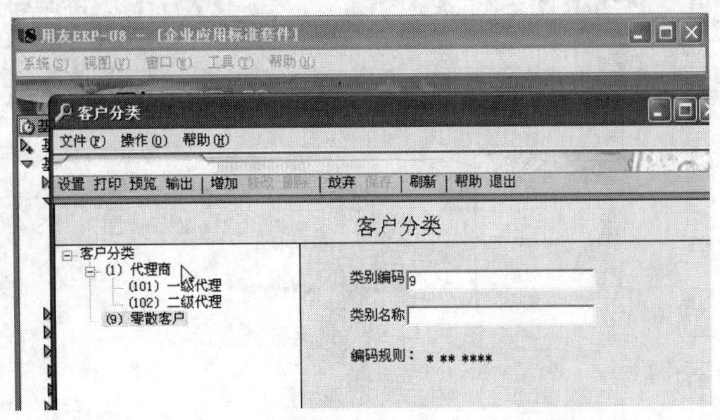

图 3-14　客户分类

详细步骤：

① 在企业门户中，单击【设置】、【基础档案】、【往来单位】、【客户分类】。

② 单击【增加】。

③ 输入客户分类编码：1。

说明：客户分类编码必须唯一；客户分类的分类编码必须与【编码原则】中设定的编码级次结构相符。

④ 输入分类名称：代理商。

⑤ 单击【保存】。

⑥ 重复②~⑥操作步骤，可继续增加分类方案，否则单击【退出】，返回。

表 3-6　地区分类

地区分类编码	地区分类名称
01	东北地区
01001	黑龙江省
01002	吉林省
01003	辽宁省
02	华北地区
02001	北京市
02002	天津市
02003	山西省
02004	河北省
02005	内蒙古自治区
99	其他

（2）设置地区分类，如图 3-15 所示。

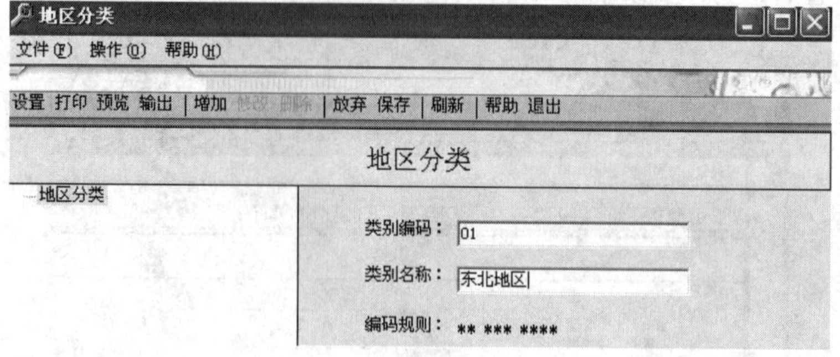

图 3-15　录入地区分类

详细步骤：

① 在企业门户中，单击【设置】、【基础档案】、【往来单位】、【地区分类】。

② 单击【增加】。

③ 输入地区编码及名称。

④ 单击【保存】。

⑤ 重复②～⑤操作步骤，可继续增加分类方案，否则单击【退出】，返回。

表 3-7 供应商分类

分类编码	分类名称
01	硬件供应商
02	软件供应商

（3）设置供应商分类，如图 3-16 所示。

操作提示：设置——基础档案——往来单位——供应商分类。

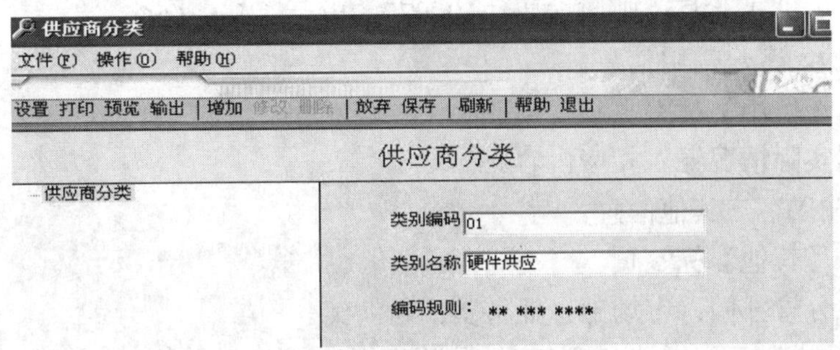

图 3-16　给供应商分类

4. 客户档案录入。

任务 3-7　录入表 3-8 中的客户档案和供应商档案。

表 3-8　客户档案

客户编号	客户名称	客户简称	所属分类码	所属地区码	所属行业	邮编	开户银行	银行账号
001	北京创业学校	创业	9	02001	事业单位	100077	工行	123456
002	天津海达公司	海达	101	02002	商业	200088	工行	234567
003	北京翰博书店	翰博	102	02001	事业单位	100088	工行	345678

（1）客户档案录入，如图 3-17 所示

详细步骤：

首先，选择客户类别。

① 在企业门户中，单击【设置】、【基础档案】、【往来单位】、【客户档案】。

② 将光标定在左框中的最末级客户分类“9 零散客户”中。

提示：客户档案必须在最末级客户分类下增加。若左框中无客户分类，则将客户归入无客户分类。

③ 单击【增加】，出现“增加客户档案”对话框。

其次，输入客户基本信息。

① 在“客户档案卡片”对话框中，单击【基础】标签页。

② 输入客户编号：001；客户名称：北京创业学校；客户简称：创业学校。

说明：您可根据实际情况输入有关项目，其中客户编码、名称和简称必须输入，其余可输可不输。

③ 确定所属分类码：9；所属行业：事业单位。

④ 开户银行：工行；银行账号：123456。

第三，输入客户联系信息。

客户档案的联系信息包括：地址、邮政编码、E-mail 地址、电话、传真、呼机等。

① 单击【联系】标签页。

② 输入地址：北京；邮政编码：100077；电话：66666666。

第四，输入客户信用信息。

① 单击【信用】标签页。

② 根据实际情况输入相应内容。

第五，输入客户其他信息。

① 单击【其他】标签页。

② 输入分管部门：市场部；业务员：付海涛。

输入各项内容后，单击【保存】，如果不单击【保存】按钮，即表示放弃此次增加。

④ 重复以上所有步骤，可以完成其他客户档案的设置，否则单击【退出】。

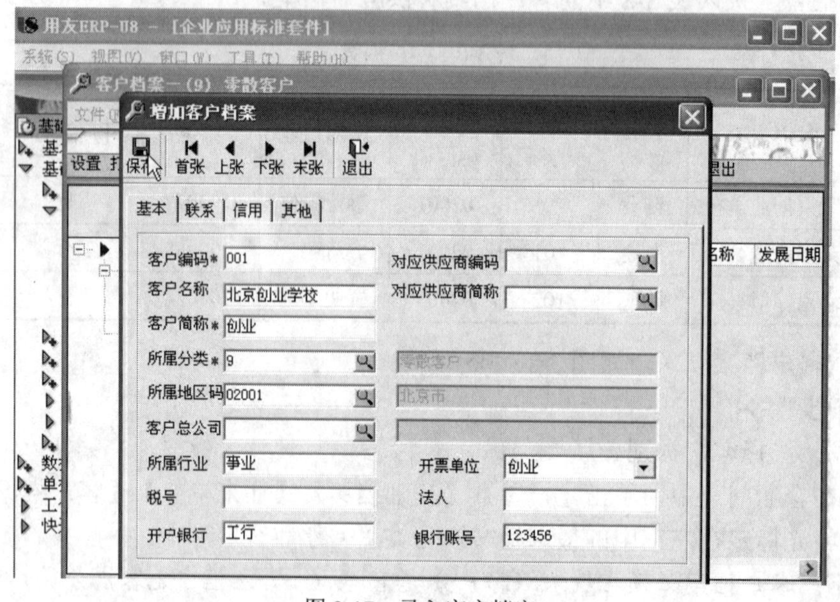

图 3-17　录入客户档案

5. 供应商档案录入。

任务 3-8　录入表 3-9 中的供应商档案

表 3-9　供应商档案

供应商编号	供应商名称	简称	所属分类码	所属地区码	所属行业	开户银行	银行账号	电话
001	北京益众科技公司	益众	01	02001	商业	工行	456	
002	北京萤火虫软件公司	萤火虫	02	02001	商业	工行	567	
003	北京光明出版社	光明出版社	02	02001	事业	工行	678	

详细步骤：

① 在企业门户中，单击【设置】、【基础档案】、【往来单位】、【供应商档案】

② 在【供应商档案设置】窗口中，将光标定在左框中的最末级供应商分类中，单击【增加】。

③ 在【供应商档案卡片】对话框中，根据实际情况设置供应商档案。

④ 单击【退出】。

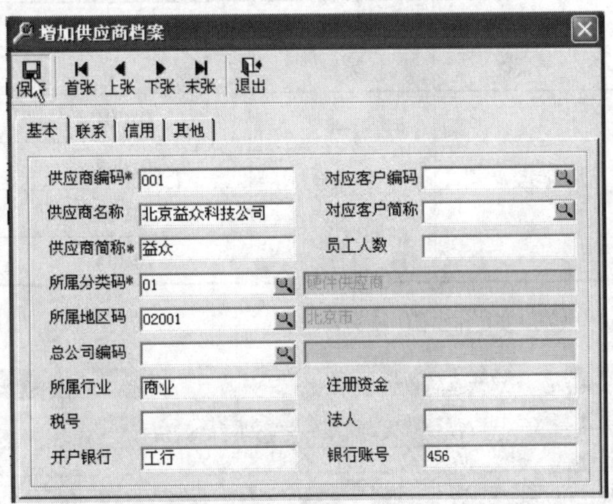

图 3-18　录入供应商档案

6. 设置存货分类、计量单位及存货档案。

任务 3-9　按表 3-10、表 3-11 和表 3-12 所示设置存货分类、计量单位及存货档案。

表 3-10　存货分类

分类编码	分类名称
01	自制产品
02	外购产品

（1）设置存货分类，如图 3-19 所示。

详细步骤：

① 在企业门户中，单击【设置】、【基础档案】、【存货】、【存货分类】。

② 参考【供应商分类】。

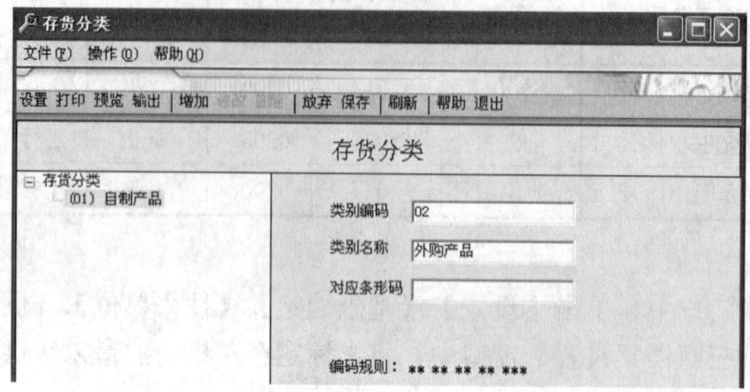

图 3-19　存货分类

表 3-11 存货计量单位

计量单位组编码	计量单位组名称	计量单位组类别	计量单位编码	计量单位名称
01	无换算	无换算	01001	片
			01002	盒
			01003	套
			01004	部分

（2）设置计量单位，如图 3-20 所示。

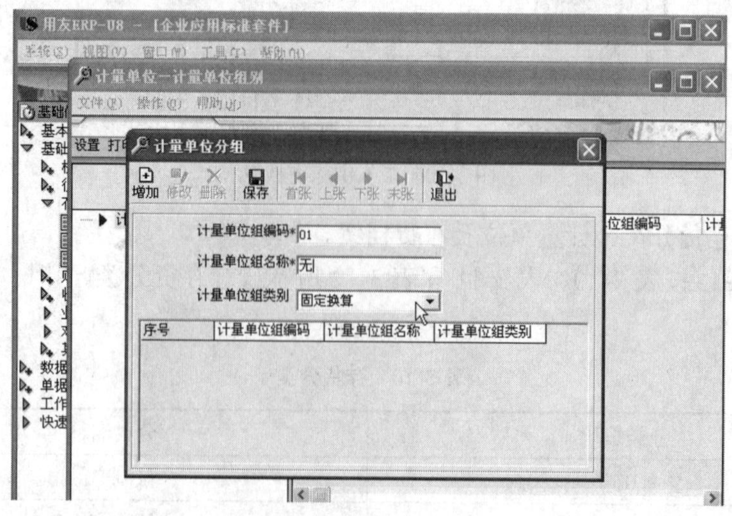

图 3-20　设置计量单位

详细步骤：

① 在企业门户中，单击【设置】、【基础档案】、【存货】、【计量单位】

② 参考【供应商分类】

表 3-12　存货档案

存货编码	存货名称	计量单位	是否销售	是否外购	是否自制	是否生产耗用	计划价售价	参考成本	参考售价	最低售价	最新成本
0001	CD-RW 光盘片	片	√	√		√	90	60	80	75	70
0002	CD-R 光盘片	片	√	√		√	15	7	20	12	8
0003	3.5 软盘	盒	√	√		√	30	20	28	28	12
0004	多媒体教程	套	√	√			32	28	0	0	0
0005	电子商务讲座	套	√	√			25	20	0	0	0
0006	多媒体开发工具	套	√	√			8 000	6 500	0	0	0
0007	网页制作工具	套	√	√			1 200	800	0	0	0
0008	多媒体课件	套	√	√			58	35	0	0	0
0009	101 软件产品	套	√		√		100 000	80 000	0	0	0
0010	网站内容	部分	√		√		60 000	45 000	0	0	0
0011	101 软件培训工具	套	√		√		78	38	0	0	0

注：增值税税率 17%。

（3）录入存货档案，如图 3-21 所示。

详细步骤：

① 在企业门户中，单击【设置】、【基础档案】、【存货】、【存货档案】。

② 参考【职员档案录入】。

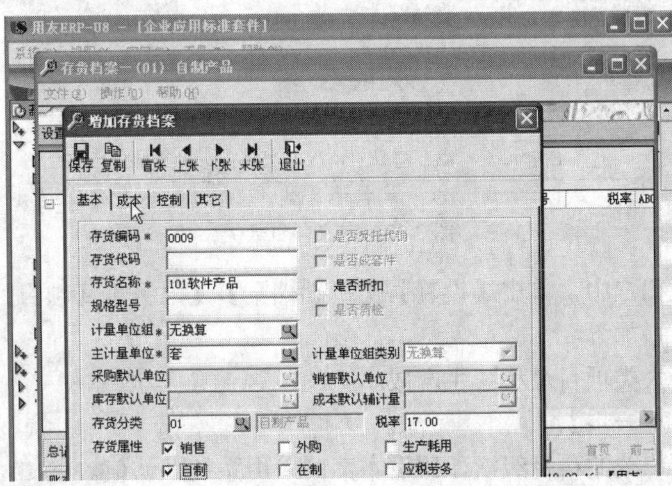

图 3-21　录入存货档案

五、项目目录设置

一个单位项目核算和种类可能多种多样，如在建工程、课题、在产品成本等，所以允许企业定义多个种类的项目核算。将具有相同特性的一类项目定义成一个项目大类，一个项目大类可以核算多个项目，为了便于管理，还可以对这些项目进行分类管理。

设置项目目录时，应先在会计科目设置功能中设置相关的项目核算科目，如对生产成本及其下级科目设置项目核算的辅助账类。

1. 定义项目大类。

项目大类即项目核算的分类类别。如：产品销售收入按产品项目核算，其项目大类可定义为产品核算；直接材料按生产项目核算，其项目大类可定义为生产成本。

提示：必须将需进行项目核算的科目设置为项目账类后，才能定义项目和目录。比如，将4101生产成本的全部二级科目设置为项目核算后，才能定义项目和目录，项目大类的名称是该类项目的总称，而不是会计科目名称。如：在建工程按具体工程项目核算，其项目大类名称应为工程项目而不是在建工程。

下面，设置“生产成本”项目大类。如图3-22所示。

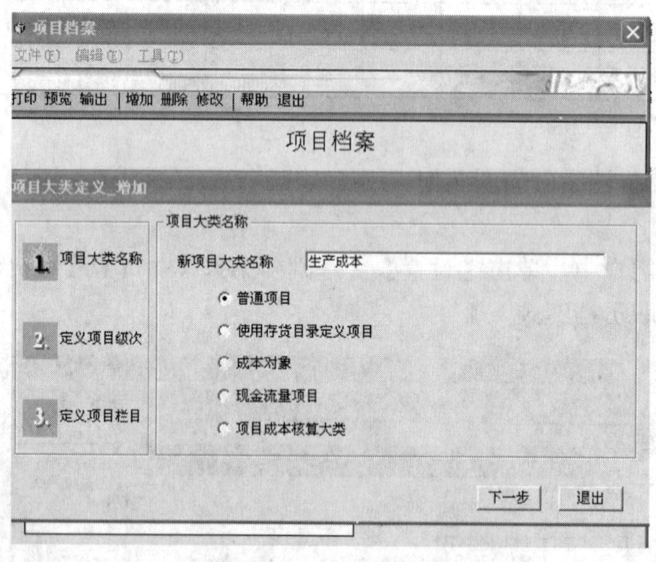

图3-22 定义项目大类

① 在企业门户中，单击【设置】、【基础档案】、【财务】、【项目目录】。

② 单击【增加】。

③ 输入新大类项目名称：生产成本。

④ 单击【下一步】。

⑤ 输入要修改的科目级次，假设本案例采用系统默认值。

⑥ 单击【下一步】。

⑦ 输入要修改的项目栏目，假设本例采用系统默认值。

⑧ 单击【完成】，返回。

提示：已输入数据的栏目最好不要删除，否则这些栏目的数据将无法再查到。

2. 指定核算科目。

如图 3-23 所示将直接材料、直接工资和制造费用等科目指定为生产成本项目大类。

① 在“项目档案”对话框中，单击【核算科目】选项。

② 选择要核算的项目。

③ 单击【>>】。

④ 单击【确定】。

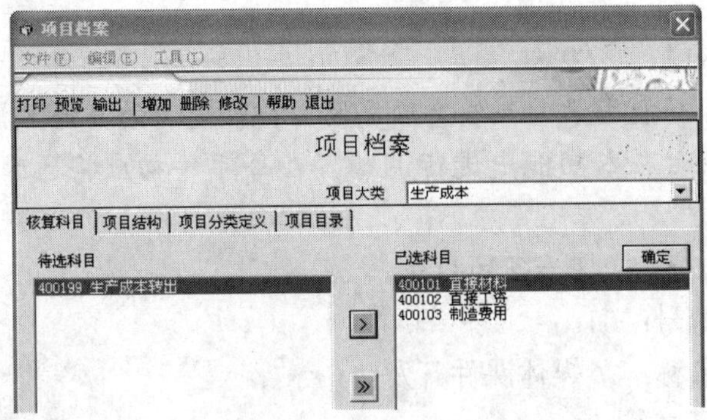

图 3-23　指定核算科目

3. 定义项目分类。

如图 3-24 所示对生产成本项目大类进一步划分明细项目：“(1) 自主研发工程项目”。

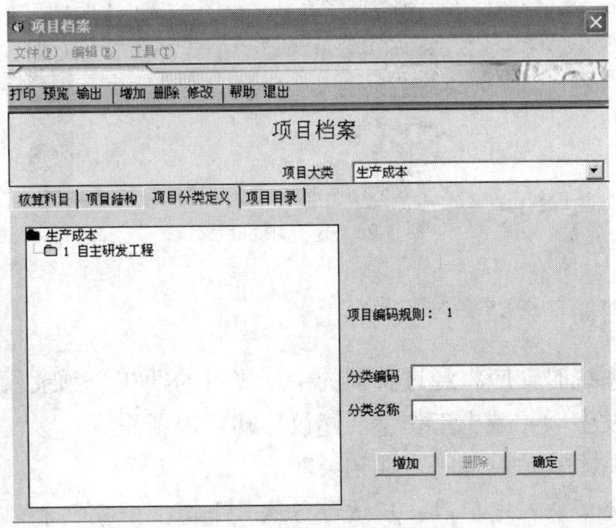

图 3-24　定义项目分类

提示：不能隔级录入分类编码。若某项目分类下已定义项目，则不能删除，也不能定义下级分类，必须先删除项目，再删除该项目分类或定义下级分类。

不能删除非末级项目分类。

① 单击【项目分类定义】选项

② 单击右下角的【增加】按钮。

③ 输入分类编码：1。

④ 输入分类名称：自主研发工程。

⑤ 单击【确定】，重复②～⑤步骤，继续定义其他明细项目。

4. 定义项目目录。

如图 3-25 所示设置项目档案：（01）多媒体课件开发，尚未结算。

① 单击【项目目录】选项

② 单击【维护】

说明：【维护】功能用于录入各个项目的名称及定义的其他数据，因此，平时项目目录有变动应及时在本功能中进行调整。在每年年初应将已结算或不用的项目删除。

③ 单击【增加】，增加一条新目录。

④ 输入项目编号：01。

⑤ 输入项目名称：多媒体课件开发。

⑥"是否结算"栏为空。

提示：标识结算后的项目将不能再使用。

⑦ 选择所属分类码：1。

⑧ 重复③——⑦步骤，继续定义其他项目档案。否则，单击【退出】，返回。

设置 打印 预览 输出 | 增加 删除 | 查找 排序 过滤 全部 | 合并 | 帮助 退出

项目编号	项目名称	是否结算	所属分类码
01	多媒体课件开发		1
02	多媒体教程开发		1
03	电子商务讲座		1
04	网站开发		1
05	多媒体开发工具研发		1

图 3-25　定义项目目录

六、会计科目期初余额录入

在初次使用系统时，应将经过整理的手工账目的期初余额录入系统。为了统计使用当年的累计发生额并减少工作量，建议年初启用新系统。

录入方法：总账——设置——期初余额

注意：期初余额录入完毕后，应该进行试算平衡。若期初余额试算不平衡将不能记账，但可以填制凭证；已经记过账，则不能再录入、修改期初余额，也不能执

行“结转上年余额”的功能。若使用了应收、应付子系统，并且客户往来或供应商往来由应收、应付子系统核算，那么，应该到应收、应付子系统中录入含客户、供应商账类的科目的明细期初余额。

任务 3-10 按表 3-13～表 3-17 所示录入总账期初余额

操作提示：以 01 操作员登录企业门户：选择“业务”选项卡，账务会计——总账——设置——期初余额

数据资料：

表 3-13 2010 年 12 月会计科目体系及余额表

科目名称	方向	币别/计量	期初余额
库存现金（1001）	借		7 417.70
银行存款（1002）	借		85 964.57
人民币户（100201）	借		85 964.57
美元户（100202）	借		0
	借	美元	0
应收票据（1121）	借		0
应收账款（1122）	借		160 000.00
预付账款（1123）	借		0
其他应收款（1231）	借		3 800.00
备用金（123101）	借		2 000.00
应收个人款（123102）	借		1 800.00
坏账准备（1241）	贷		28000.00
材料采购（1401）	借		0
原材料（1403）	借		2 050.00
CD-RW 光盘片（140301）	借		400.00
	借	张	5.00
CD-R 光盘片（140302）	借		450.00
	借	张	30.00
软盘（140303）	借		1 200.00
	借	盒	40.00
库存商品（1406）	借		200 000.00
多媒体教程（140601）	借		28 000.00
	借	套	1 000.00
电子商务讲座（140602）	借		21 000.00
	借	套	1050.00

续表

科目名称	方向	币别/计量	期初余额
多媒体开发工具（140603）	借		40 000.00
	借	套	5.00
网页制作工具（140604）	借		6 000.00
	借	套	5.00
多媒体课件（140605）	借		105 000.00
	借	套	3 000.00
固定资产（1601）	借		260 680.00
累计折旧（1602）	贷		12 512.64
固定资产清理（1606）	借		0
无形资产（1701）	借		58 500.00
累计摊销（1702）	贷		5 878.06
短期借款（2001）	贷		200 000.00
应付票据（2201）	贷		0
应付账款（2202）	贷		222 300.00
预收账款（2205）	贷		0
应付职工薪酬（2211）	贷		8 400.00
工资（221101）	贷		0
职工福利（221102）	贷		8 400.00
社会保险（221103）	贷		0
应交税费（2221）	贷		−170 000.00
应交增值税（222101）	贷		0
进项税额（22210101）	贷		0
销项税额（22210102）	贷		0
转出多交增值税（22210103）	贷		0
转出未交增值税（22210104）	贷		0
应交营业税（222102）	贷		0
应交城建税（222103）	贷		0
应交所得税（222104）	贷		0
未交增值税（222105）	贷		−170 000.00
应交个人所得税（222106）	贷		0
其他应付款（2241）	贷		2 100.00

续表

科目名称	方向	币别/计量	期初余额
应付利息（2232）	贷		0
实收资本（3001）	贷		500 000.00
资本公积（3002）	贷		0
盈余公积（3101）	贷		0
本年利润（3103）	贷		0
利润分配（3104）	贷		-30 778.43
提取盈余公积（310401）	贷		0
应付股利（310402）	贷		0
未分配利润（310403）	贷		-30 778.43
生产成本（4001）	借		0
直接材料（400101）	借		0
直接工资（400102）	借		0
制造费用（400103）	借		0
生产成本转出（400199）	借		0
制造费用（4101）	借		0
工资费用（410101）	借		0
折旧费用（410102）	借		0
其他费用（410103）	借		0
主营业务收入（5001）	贷		0
多媒体教程（500101）	贷		0
电子商务讲座（500102）	贷		0
多媒体开发工具（500103）	贷		0
网页制作工具（500104）	贷		0
多媒体课件（500105）	贷		0
其他业务收入（5051）	贷		0
营业外收入（5301）	贷		0
主营业务成本（5401）	借		0
多媒体教程（540101）	借		0
电子商务讲座（540102）	借		0
多媒体开发工具（540103）	借		0
网页制作工具（540104）	借		0

续表

科目名称	方向	币别/计量	期初余额
多媒体课件（540105）	借		0
其他业务成本（5402）	借		0
营业税金及附加（5405）	借		0
销售费用（5501）	借		0
工资费用（550101）	借		0
折旧费用（550102）	借		0
办公费用（550103）	借		0
其他费用（550104）	借		0
管理费用（5502）	借		0
工资费用（550201）	借		0
折旧费用（550202）	借		0
办公费用（550203）	借		0
业务招待费（550204）	借		0
其他费用（550205）	借		0
财务费用（5503）	借		0
利息支出（550301）	借		0
银行手续费（550302）	借		0
所得税（5701）	借		0

项目核算的期初余额均为“多媒体学习光盘”项目余额。

表 3-14　2011 年 1 月份其他应收款（部门核算）期初余额一览表

部门编码	部门名称	方　向	本币期初余额
4	市场部	借	2 000.00
	合计	借	2 000.00

表 3-15　2011 年 1 月份其他应收款（个人核算）期初余额一览表

日期	凭证号数	部门名称	个人名称	摘 要	方向	本币期初余额
2010.12.31	付-18	市场部	付海涛	出差借款	借	1 800.00
			合计		借	1 800.00

会计科目：1122 应收账款　　　　　　　　余额：借 160 000 元

表 3-16　2011 年 1 月份应收账款期初余额一览表

单据类型	单据编号	单据日期	客户	科目	摘　要	方向	金额	部门	业务员
普通发票	P1111	2010-10-24	创业	1131	销售 101 软件产品 1 套	借	100 000.00	市场部	付海涛
专用发票	Z1111	2010-11-10	海达	1131	销售网站内容 1 部分	借	60 000.00	市场部	付海涛

会计科目：2202 应付账款　　　　　　　　　　余额：贷 222 300 元

表 3-17　2011 年 1 月份应付账款期初余额一览表

单据类型	单据编号	单据日期	供应商	科目	摘　要	方向	金额	部门	业务员
专用发票	C3333	2010-09-19	益众	2121	购买 CD-RW 光盘片 3705 片	贷	222 300.00	市场部	李斯奇

详细步骤：

（1）录入基本科目余额

假设 666 账套为年初建账。首先输入（1001 库存现金）科目的期初余额：7 417. 70。

① 在“企业门户”中，单击【业务】、【账务会计】、【总账】、【设置】、【期初余额】。

② 将光标定在“1001 库存现金”科目的期初余额栏，输入期初余额：7 417.70。

提示：如果某科目为数量、外币核算，应录入期初数量、外币余额，而且必须先录入本币余额，再录入数量外币余额。非末级会计科目的余额不用录入，系统将根据其下级明细科目自动汇总计算填入。其数据栏为黄色。出现红字余额用负号输入。修改余额时，直接输入正确数据即可，然后单击【刷新】进行刷新。凭证记账后，期初余额变为浏览只读状态，不能再修改。

（2）录入个人往来科目余额

如图 3-26 所示。

如果某科目涉及个人往来辅助核算，例如：123102 应收个人款，则必须按辅助项录入期初余额。

根据表 3-15 数据资料，输入“123102 应收个人款”科目的期初余额。

说明：只要求录入最末级科目的余额和累计发生数，上级科目的余额和累计发生数由系统自动计算。借贷方累计发生额直接录入，期初余额在辅助项中录入。

双击“123102 应收个人款”科目的期初余额栏。

在【个人往来期初】窗口中，单击【增加】。

改日期：2010-12-31。

双击【凭证号】栏，系统弹出【凭证类别参照】框。

选择凭证类别：付款凭证。

输入凭证号：18。

单击【确定】。

类似④～⑦步骤。

⑨ 同样的，依次选择个人姓名、输入摘要、余额方向、期初余额等。

⑩ 输入完毕，单击【退出】。

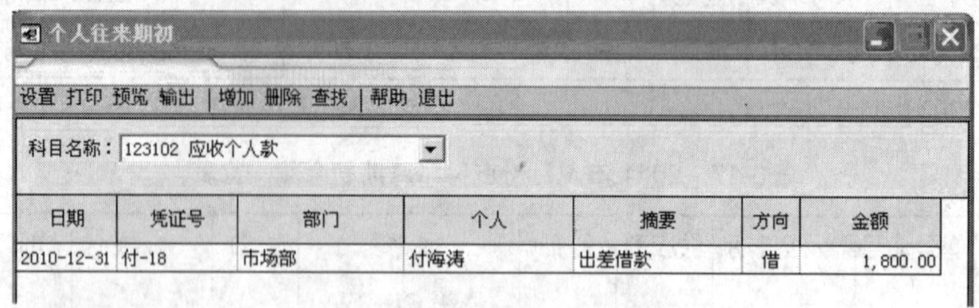

日期	凭证号	部门	个人	摘要	方向	金额
2010-12-31	付-18	市场部	付海涛	出差借款	借	1,800.00

图 3-26 个人往来期初余额录入

（3）录入部门辅助核算科目余额

如果某科目涉及部门辅助核算，则必须按辅助项录入期初余额。如 123101 备用金的期初余额录入，操作步骤参见“录入个人往来余额”。

（4）录入单位往来科目余额

如果某科目涉及客户供应商辅助核算，则必须按辅助项录入期初余额。

录入余额时应分别不同情况处理：①在总账系统中进行客户供应商往来核算，则其操作规程与录入个人往来余额相似；②使用应收应付系统，那么应该到应收应付系统中录入含客户、供应商账类的科目的明细期初余额，在总账系统中，只能录入这些科目的总余额。

比如，输入“2201 应付账款”科目的其初余额为 222 300.00 元，其中明细资料如表 3-17 所示。

总账系统中录入期初余额的步骤如下：

① 在【期初余额】表中，双击 2201 客户往来核算科目的“期初余额”栏，进入【客户往来期初】录入窗口。

② 单击【增加】。

③ 修改日期：2010-9-19；凭证号：收-6。

④ 依次选择供应商：益众；输入摘要：购买 CD-RW 光盘片 3705 片；余额方向：贷；期初余额：222 300.00；业务员：李斯奇；票号：C3333；票据日期：2010-9-19。

⑤ 按输入完毕，单击【退出】。

（5）试算平衡

在录入期初数据时，不经意当中会发生总账与辅助总账、总账与明细账数据错误，为了及时做到账账核对，尽快修正错误的账务数据，企业应该进行期初对账。

说明：期初余额试算不平衡，将不能记账，但可以填制凭证。已经记过账，则不能再录入、修改期初余额，也不能执行“结转上年余额”的功能。

首先，试算平衡。

① 录完所有余额后，单击【试算】按钮。可查看期初余额试算平衡表，检查余额是否平衡

② 单击【确认】，返回。

其次，对账。

说明：对账方法为总账上下级，明细账与总账之间对账，总账与辅助账之间对账。

① 进入期初余额后，单击【对账】按钮。

② 单击【开始】按钮对当前期初余额进行对账。

③ 如果对账后发现有错误，可单击【显示对账错误】按钮，系统将把对账中发现的问题列出来。

七、其他初始设置

1. 常用摘要设置。

常用摘要设置是系统为方便以后凭证输入，帮助用户规范摘要而设定的功能。用户可以通过常用摘要定义功能，定义本企业常用摘要，在填制会计凭证时可随时调用。

任务 3.11　设置常用摘要

设置下列三个常用摘要：① 支付费用；② 提取库存现金；③ 报销差旅费。

操作提示：以 01 操作员的身份登录企业门户，设置——基础档案——其他——常用摘要。如图 3-27 所示。

常用摘要

设置 打印 预览 输出 | 增加 删除 | 选入 | 帮助 退出

常用摘要

摘要编码	摘要内容	相关科目
01	支付费用	
02	提取库存现金	
03	报销差旅费	

图 3-27　设置常用摘要

2. 常用凭证定义。

在企业日常的经济业务中，会出现大量的同类业务，反映这些业务的会计凭证的分录格式一致，不同的仅是发生额。为了方便这些凭证的录入，可以预先定义这类凭证的分录格式，即常用凭证。即为同类业务设定的类似于模板之类的凭证格式，在填制会计凭证时随时调用，能够大大提高业务处理的效率。常用凭证的定义与调用将在下一节中具体操作。

3. 外币设置。

币符：$，币名：美元，固定汇率，记账汇率为：6.8725

任务 3-12　外币设置

操作提示：基础档案——财务——外币设置，按要求输入即可。如图 3-28 所示。

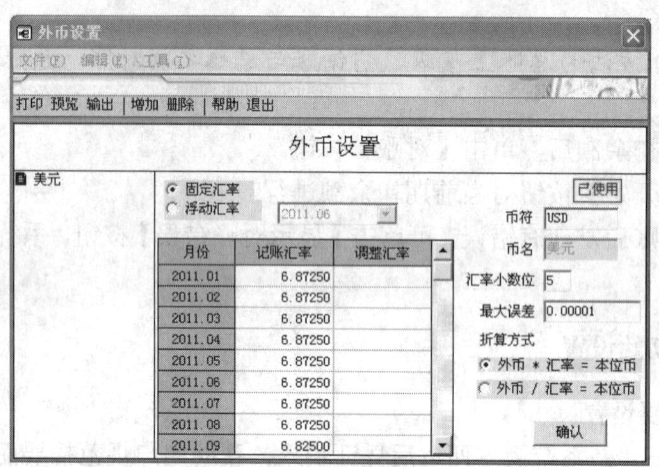

图 3-28　外币设置

4. 设置结算方式。

任务 3-13　按照表 3-18 设置结算方式

表 3-18　结算方式一览表

结算方式编码	结算方式名称	票据管理
1	现金结算	否
2	支票	否
201	现金支票	是
202	转账支票	是
3	银行汇票	否
4	商业汇票	否
401	商业承兑汇票	否
402	银行承兑汇票	否
5	其他	否

操作提示：基础档案——收付结算——结算方式：点击增加即可，如图 3-29 所示。

5. 设置开户银行。

任务 3-14　设置开户银行：工行海淀支行，账号：08091001。

操作提示：基础档案——收付结算——开户银行，如图 3-30 所示。

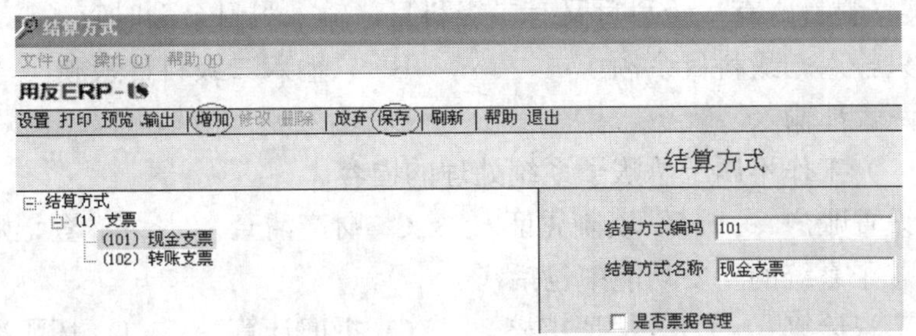

图 3-29 设置结算方式

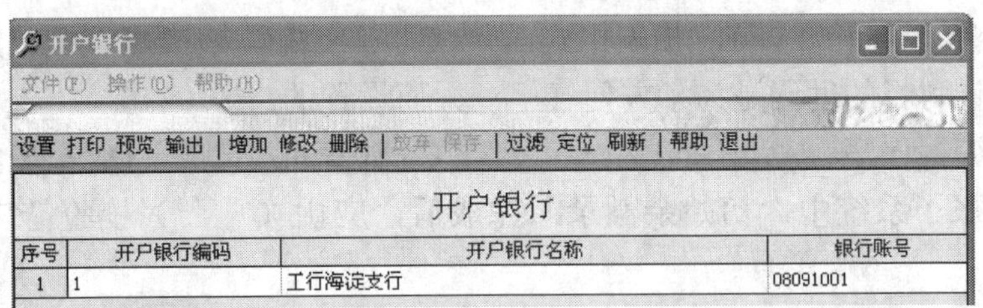

开户银行

序号	开户银行编码	开户银行名称	银行账号
1	1	工行海淀支行	08091001

图 3-30 设置开户银行

练 习 题

一、单选题

1. 期初余额录入是将手工会计资料录入到计算机的过程之一。余额和累计发生额的录入要从（ ）科目开始。

A. 一级　　B. 二级　　C. 三级　　D. 最末级

2. 对于收款凭证，通常选择（ ）限制类型。

A. 借方必有　　B. 贷方必有　　C. 凭证必有　　D. 凭证必无

3. 通常，涉及（ ）科目的凭证需要出纳签字。

A. 库存现金、银行存款　　B. 应收、应付

C. 负债类　　D. 资产类

4. 若凭证类别只设置为一种，通常为（ ）。

A. 收款凭证　　B. 记账凭证　　C. 现金凭证　　D. 付款凭证

5. 若希望某类凭证的借方必须出现某一科目，可选择（ ）限制科目。

A. 凭证必有　　B. 凭证必无　　C. 借方必有　　D. 贷方必有

6. 若希望某类凭证的贷方必须出现某一科目，可选择（ ）限制科目。

A. 凭证必有　　B. 凭证必无　　C. 借方必有　　D. 贷方必有

7. 若希望某类凭证不出现某一科目，可选择（ ）限制科目。

A. 凭证必有　　B. 凭证必无　　C. 借方必有　　D. 贷方必有

8. 若某一科目既有一级科目又有二级科目，输入科目余额时应（　　）

A. 只输入一级科目余额　　B. 只输入二级科目余额

C. 两者都输入　　D. 输入哪一个都可以

9.（　　）工作不属于总账子系统处理的内容。

A. 设置账户　　B. 填制凭证　　C. 财产清查　　D. 登记账簿

10. 总账子系统的主要功能中包括（　　）。

A. 工资计算　　B. 凭证审核　　C. 折旧计算　　D. 坏账准备

11. 设置（　　）不属于总账子系统初始化的内容。

A. 会计科目　　B. 报表格式　　C. 部门编码　　D. 录入期初余额

12. 会计科目的助码是为了方便（　　）而设置的。

A. 编写程序　　B. 记忆　　C. 计算机处理　　D. 报表的阅读

13. 总账子系统中，初始余额录入完成后，应由（　　）校验借贷双方总额平衡。

A. 输入人员　　B. 计算机　　C. 程序员　　D. 账务主管

14. 启用账套后，操作员不能再修改（　　）。

A. 科目类型　　B. 操作员口令　　C. 初始余额　　D. 结算方式

15. 如果账套的启用日期是 2011 年 1 月，则初始余额录入时需录入（　　）。

A. 期初余额　　B. 借方发生额　　C. 贷方发生额　　D. 三种都要

16. 总账子系统的主要职责中包括（　　）。

A. 工资计算　　B. 记账　　C. 折旧计提　　D. 坏账准备

17. 总账子系统的初始化是指（　　）

A. 把当前手工账簿上的账目、账面数据输入到计算机中去

B. 财务人员工作及权限的分配、建立适合本单位核算的账务结构体系等。

C. 提供决策

D. 提供数据恢复和备份

18. 财务系统第一次投入使用时也有类似手工的建账工作，这就是（　　）。

A.设置会计科目　　B. 设置账套

C. 设置凭证类别　　D. 系统初始设置

19. 设置（　　），不属于科目设置的内容。

A. 数量核算　　B. 外币核算　　C. 辅助核算　　D. 多栏式账户

20. 对于“付款”类凭证，贷方必有（　　）科目。

A. 现金　　B. 银行存款　　C. A、B 都不对　　D. A 或 B

21. 下列操作中不是必不可少的环节为（　　）

A. 填制凭证　　B. 审核凭证　　C. 汇总凭证　　D. 记账

22. 关于期初余额录入，下列说法错误的是（　　）

A. 出现红字负号输入

B. 凭证记账后，期初余额不能再修改

C. 所有的辅助核算科目期初余额只需录入总金额，无须录入明细金额

D. 非末级科目余额不能直接录入

23. 系统管理中完成建账工作（设置操作员、建账、赋权）后，总账系统的基本操作流程主要有哪几个步骤（　　）

①审核凭证　②结账　③记账　④填制凭证　⑤会计档案备份及打印各种账簿　⑥自动转账

A. ④①③⑥②⑤　　B. ④①③⑥⑤②

C. ④①③⑥①③②⑤　　D. ④①③⑥②⑤

24. 使用总账子系统，建立会计科目时，辅助核算标志设置在（　　）

A. 末级科目上　　B. 上级科目上

C. 末级科目和上级科目上　　D. 末级科目或上级科目上

25. 在总账系统中，科目已在输入凭证时使用，增加科目的条件是（　　）

A. 不能增加会计科目　　B. 只能增加相应的同级科目

C. 可以再增加下级科目　　D. 可以随意增加下级科目

26. 使用总账系统，会计科目建立的顺序是（　　）

A. 先建立下级科目，再建立上级科目

B. 先设明细科目，再设一级科目

C. 建立不分顺序

D. 先建立上级科目，再设下级

27. 使用总账系统，在日常账务处理中频繁的工作是（　　）凭证

A. 输入　　B. 审核　　C. 修改　　D. 记账

28. 使用总账系统输入凭证时，对凭证编号的要求是（　　）

A. 任意编号　　B. 按凭证类别按月进行顺序编号

C. 按凭证类别顺序编号　　D. 按月顺序编号

二、多选题

1. 用友软件中，“银行存款”科目通常会选择（　　）辅助核算。

A. 日记账　　B. 银行账　　C. 外币核算　　D. 客户往来

2. 用友软件中，设置会计科目包括（　　）。

A. 建立会计科目　　B. 修改会计科目

C. 删除会计科目　　D. 指定会计科目

3. 下列关于期初余额的描述中，正确的有（　　）。

A. 所有科目都必须输入期初余额

B. 红字余额应输入负号

C. 期初余额试算不平衡，不能记账，但可以填制凭证

D. 如果已经记过账，则还可修改期初余额

4. 在财务软件中，建立会计科目时，输入的基本内容包括（　　）。

A. 科目编码　　B. 科目名称　　C. 科目类型　　D. 账页格式

5. 设置基础档案，主要包括（　　）。

A. 设置职员档案　　B. 设置客户档案

C. 设置供应商档案　　D. 设置部门档案

6. 系统提供的凭证限制类型包括（　　）。

A. 借方必有　　B. 凭证必无　　C. 贷方必有　　D. 无限制

7. 在总账子系统中，会计科目有余额或发生额时，不能（　　）。

A. 增加下级科目　　B. 删除该会计科目

C. 修改该会计科目　　D. 增加同级科目

8. 下列关于会计科目编码的描述，正确的是（　　）。

A. 一级会计科目必须采用全编码

B. 一级会计科目编码由财政部统一规定

C. 设计会计科目编码应从明细科目开始

D. 科目编码可以不用设定

9. 外币汇率设置通常有（　　）。

A. 固定汇率　　B. 卖出汇率　　C. 买入汇率　　D. 浮动汇率

10. 系统控制参数设置一般包括（　　）。

A. 凭证控制设置　　B. 账簿设置

C. 明细权限设置　　D. 会计科目设置

三、判断题

1. 业务量较少的单位可不进行凭证分类，即只设置“记账凭证”一种类别。（　　）

2. 指定会计科目是指定出纳专管的科目。指定科目后，才能执行出纳签字，也才能查看现金或银行存款日记账。（　　）

3. 总账子系统中，凭证类别只能设置为收款凭证、付款凭证、转账凭证。（　　）

4. 职员档案主要用于本单位职员的个人信息资料，设置职员档案可以方便地进行个人往来核算和管理等操作。（　　）

5. 删除会计科目应先删除上一级科目，然后再删除本级科目。（　　）

6. 科目一经使用，即已经输入凭证，则不允许修改和删除该科目。（　　）

7. 输入期初余额时，上级科目的余额和累计发生数据需要手工输入。（　　）

8. 计算机方式下，只能采用自动凭证编号方式。（　　）

9. 建立会计科目，必须输入科目的全编码。（　　）

10. 企业一套完整的账簿体系在计算机系统中称为一个账套。（　　）

11. 账务处理系统初始化会增加会计人员的工作量。（　　）

12. 账务处理系统的用户通过建立账套，将一个通用软件转化为适合需要的系统。（　　）

13. 账务处理系统的初始化工作，将一个通用软件转化为适合需要的系统。（　　）

14. 总账子系统对记账凭证提供了完整的输入项目，但对其输入的内容则不宜进行强行控制。（　　）

15. 在账务处理系统中设置会计科目时，科目代码不能空但允许重复。（　　）

16. 所有明细科目的科目类型都可从上级科目中继承。（　　）

17. 账务处理系统中，初始余额录入时应同时录入明细科目和总账科目的余额，以便对比。（　　）

四、思考题

1. 总账子系统计算机处理流程是什么？

2. 总账系统初始化工作包括哪些内容？

3. “制单序时控制”和“出纳凭证必须经由出纳签字”的设置含义是什么？

4. 什么要指定会计科目？

5. 五大辅助核算都是什么？应收账款科目需要设置什么辅助核算？

6. 总账子系统中五种常用凭证类别都是什么？五种限制是什么？分别是什么含义？

第四章　总账子系统日常业务处理

【知识目标】

1. 理解总账子系统的日常业务处理包括哪些内容;
2. 理解并掌握凭证的填制、审核、修改、查询、签字等操作的含义及方法;
3. 理解并掌握对审核签字后的凭证进行记账的含义及方法;
4. 理解并掌握账簿查询输出的方法。

【技能目标】

1. 会熟练地填制、查询、修改和删除凭证;
2. 会对凭证进行审核和签字;
3. 会记账和反记账;
4. 会按各种组合查询账簿并输出。

总账日常业务处理的任务主要包括记账凭证的输入、审核、记账和账簿输出等工作。其中记账凭证的处理是总账子系统日常业务过程中手工业务处理和计算机业务处理的连接点，也是计算机总账子系统最基本、最主要的数据来源。因此是总账的关键环节。

第一节　填 制 凭 证

一、填制方法

凭证填制方法有三：第一是根据审核无误的原始凭证编制记账凭证直接输入；第二是先手工填制记账凭证，审核后输入计算机；第三是从其他业务系统直接机内生成并转入的凭证。在刚使用计算机会计信息系统或人机并行阶段，用第二种方法比较适合。

注意：每张凭证一行可写一笔分录，可写多个分录，但每张凭证上只能记录一笔经济业务。

二、填制内容

凭证填制内容分为凭证头和凭证体两部分，如图 4-1 所示。

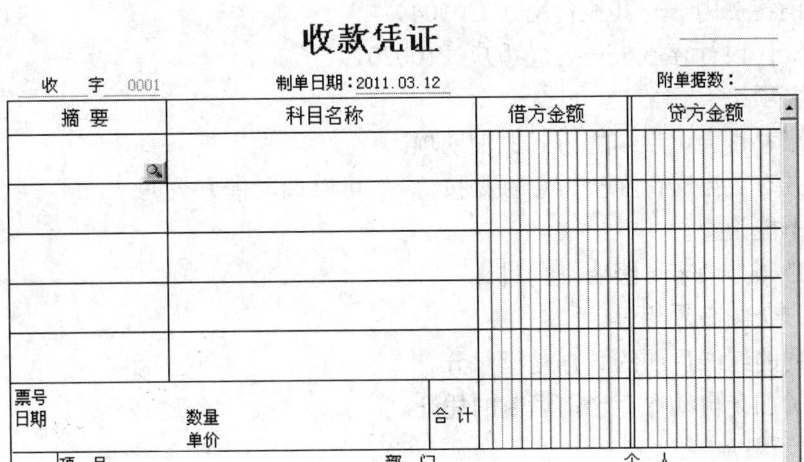

图 4-1　收款凭证

1. 凭证头。

凭证头反映凭证类别（初始化时设置）、凭证编号（可由系统自动生成）、制单日期（登录时输入的日期，可改）、附单据数（原始凭证张数）等内容。

2. 凭证体。

凭证体是反映本张凭证的分录信息。包括摘要（输入、摘要库选择）、科目（末级科目，选择输入）、辅助信息（需要进行辅助核算的科目要输入）、发生金额（不能为 0，负数以“-”开头显示为红字）等内容。

三、填制时注意事项

1. 采用序时控制时，凭证日期应大于等于启用日期，不能超过业务日期。

2. 凭证一旦保存，其凭证类别、凭证编号不能修改。

3. 凭证中不同行的摘要可以相同也可以不同，但不能为空。每行摘要将随相应的会计科目在明细账、日记账中出现。

4. 科目编码必须是末级的科目编码。既可以手工直接输入，也可利用右边的放大镜按钮选择输入。

5. 金额不能为“零”；红字以“-”号表示。

6. 按“=”键取当前凭证借贷方金额的差额到当前光标位置。

任务 4-1　填制凭证

以 02 操作员的身份登录企业门户，对如下各经济业务填制凭证：

操作提示：业务——财务会计——总账——凭证——填制凭证

1. 1 月 2 日，市场部梅眉支付产品推广费 3 000 元，财务部开出转账支票一张（附单据 2 张，支票号 1234）。

借：销售费用——其他费用（550104）　　3 000

　　贷：银行存款——人民币户（100201）　　3 000

注意事项：

银行账科目会出现结算方式的辅助项。

当借方有数据时，在贷方金额处按“=”可以调取借方数据。

摘要不能为空。

科目必须是最末一级明细科目。

借贷方金额必须相等。

金额列的红线后面的数据是指角分。

直接增加会自动保存当前填制的凭证。

详细步骤：

首先，输入凭证头部分。

① 在企业门户中，单击【业务】、【账务会计】、【总账】、【凭证】、【填制凭证】

② 单击【增加】按钮，增加一张新凭证

③ 在“凭证类别”框中，选择：付款凭证

④ 在【制单日期】处输入：2011.01.02。

⑤ 在【附单据】处输入：2 张。

说明：凭证类别为初始设置时已定义的凭证类别代码或名称。采用自动编号时，计算机自动按月按类别连续进行编号。凭证一旦保存，其凭证类别、凭证编号不能修改。

其次，输入凭证正文部分。

说明：正文中不同行的摘要可以相同也可以不同，但不能为空。每行摘要将随相应的会计科目在明细账、日记账中出现。当前新增分录完成后，按回车键，系统将摘要自动复制到下一分录行。会计科目通过科目编码或科目助记码输入。科目编码必须是末级的科目编码。金额不能为“零”；红字以“-”号表示。贷方科目金额可以按“=”键取得借方金额。

① 输入摘要：支付产品推广费。

② 借方科目名称：550104。

③ 借方金额：3000。

④ 按回车键，继续输入下一行。

⑤ 贷科目名称：100201，按回车，出现辅助项输入对话框，输入结算方式、票号和日期后，单击“确认”，如图 4-2 所示。

⑥ 把光标放到贷方金额栏，按“=”键，取借方金额 3000 元。

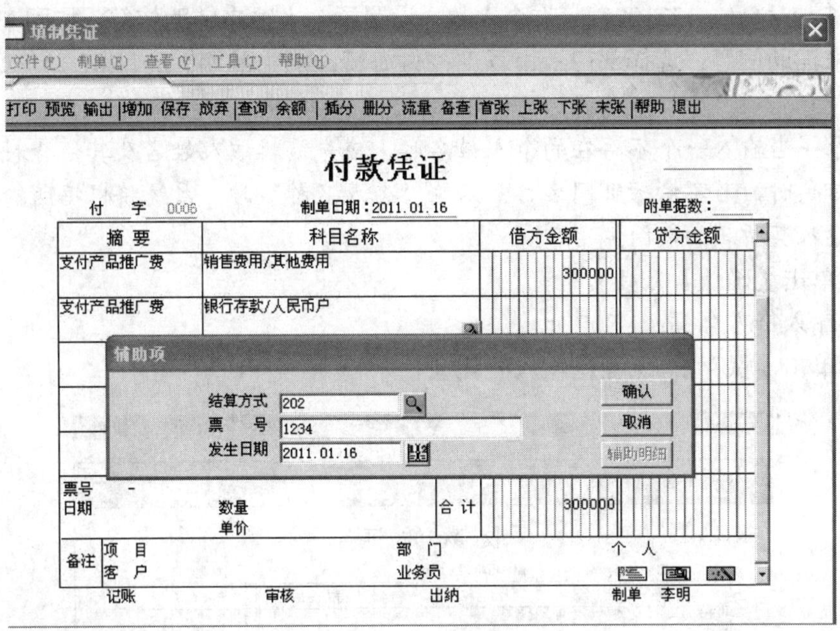

图 4-2　填制银行存款辅助项

2. 1 月 5 日，财务部李华从银行提取库存现金 10 000 元（附单据 1 张，库存现金支票号 2345）。

借：库存现金（1001）　　10 000

　　贷：银行存款——人民币户（100201）　　10 000

详细步骤：参考第一笔经济业务，填制付款凭证。

3. 1 月 8 日，市场部李斯奇支付本月租房费 1 800 元，财务部开出转账支票一张（附单据 2 张，支票号 1235）。

借：销售费用——其他费用（550104）　　1 800

　　贷：银行存款——人民币户（100201）　　1 800

详细步骤：参考第一笔经济业务，填制付款凭证。

4. 1 月 10 日，市场部付海涛出差归来，报销差旅费 1 600 元，交回现金 200 元（附单据 1 张）。

借：销售费用——其他费用（550104）　　1 600

　　库存现金（1001）　　200

　　贷：其他应收款——应收个人款（123102）　　1 800

注意事项：因其他应收款-应收个人款科目设置了“个人往来”辅助项，所以要求设置辅助信息。

详细步骤：

① 先完成凭证头部分操作。借方科目输入 550104，金额 1600 元；回车，借方科目：1001，金额 200 元。

② 贷方科目：123102，应收个人款，设置了个人往来辅助核算。按回车，输入个人往来辅助信息：选择部门：市场部；付海涛；发生日期：2011.01.10，如图 4-3 所示。

提示：当输入一个不存在的个人姓名时，应先编辑该人姓名及其他资料。在录入个人信息时，若不输“部门名称”只输“个人名称”时，系统将根据所输个人名称自动输入其所属的部门。

③ 单击【确认】，返回。

④ 输入贷方金额：1 800 元。

⑤ 单击【保存】，保存已输入的凭证。

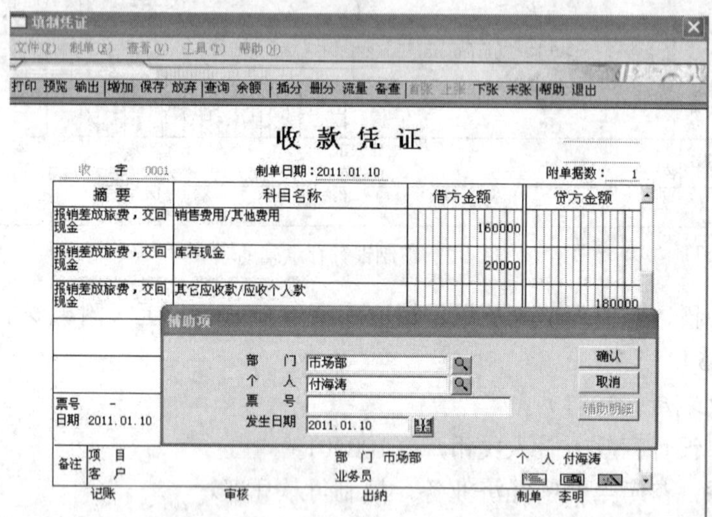

图 4-3 个人往来辅助项录入

5. 1 月 10 日，财务部李华以转账支票支付企划部电信费 620 元（附单据 1 张）。

借：管理费用——其他费用（550205） 620

　　贷：银行存款——人民币户（100201） 620

注意事项：因管理费用——其他费用科目设置了“部门核算”辅助项，所以要求设置部门辅助信息。

详细步骤：

① 先完成凭证头部分操作。输入 550205 科目时，该科目为部门辅助账科目，在弹出的“辅助项”对话框中输入辅助信息，如图 4-4 所示。

② 选择【部门】：企划部。

③ 单击【确认】，返回。输入借方金额 620 元。按回车。

提示：输入部门名称有三种方法：一是直接输入部门名称；二是输入部门代码；三是参照输入。不管采用哪种方法，都要求在部门目录中预先定义好欲输入的部门，否则系统会发出警告，要求先到部门目录中对该部门进行定义后，再进行制单。

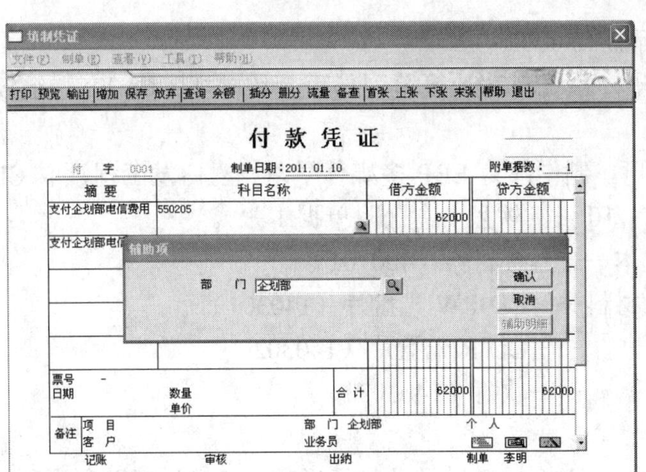

图 4-4　部门辅助项录入

④ 输入贷方科目 100201，回车，输入结算方式等辅助项信息。

⑤ 输入贷方金额 620 元，单击保存按钮。

6. 1 月 10 日，收到泛美集团投资资金 10 000 美元，款项已存入银行（附单据 2 张）。

借：银行存款——美元户（100202）　　　　68 725

　　贷：实收资本（3001）　　　　68 725

注意事项：

因银行存款——美元户科目为外币科目，设置了外币计量，故输入外币金额时会自动根据当初设置的记账汇率将外币金额转为本币金额。（汇率也可以根据当前汇率进行更改，如果因为汇率相差太大，可以本币金额处按“F11”重新计算）

详细步骤：

当输入的科目是外币科目时，屏幕弹出辅助信息输入窗，要求输入外币数额和记账汇率，并自动将凭证格式改为外币式。

提示：如果还有其他辅助核算，则先输入其他辅助核算后，再输入外币信息。汇率栏中内容是固定的，不能输入或修改。如使用变动汇率，汇率栏中显示最近一次汇率，可以直接在汇率栏中修改。

① 当输入分录的借方科目时，100202 科目为外币核算科目，需要在凭证表体增加的“外币”栏中，输入相应的信息，如图 4-5 所示。

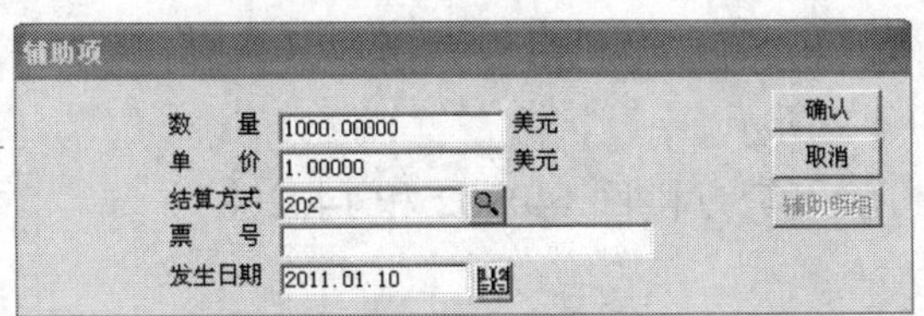

图 4-5　外币辅助项录入

② 输入外币：10 000。

③ 输入完毕，系统自动计算填列外币金额，如：68 275。继续完成其他操作步骤。

7. 1 月 15 日，制作部为 ERP 多媒体学习光盘研发工程领取 CD-RW 光盘片 5 张，CD-R 光盘片 10 张，软盘 4 盒（附单据 1 张）。

借：生产成本——直接材料（400101） 670

　　贷：原材料——CD-RW 光盘片（140301） 400

　　　　　　——CD-R 光盘片（140302） 150

　　　　　　——软盘（140303） 120

注意事项：

因生产成本——直接材料科目设置了“项目核算”辅助项，所以要求设置项目辅助信息。

因原材料科目账页格式为“数据金额式”，并且设置了计量单位，故会提示要求输入“数量”与“单价”。

在有数据的情况下，按空格键可以切换数据的借贷方向。

在有数据的情况下，按“-”号，可以改变数据的颜色，即改变金额的“正、负”

如果分录的辅助项出现了错误，想进行修改，可以先选择该分录，然后双击该分录的辅助项。

详细步骤：

当输入的科目是项目核算科目时，屏幕弹出辅助信息输入窗，要求输入项目核算信息。

① 当输入分录的借方科目时，400101 科目为项目核算科目，系统要求输入相应的辅助信息。

② 在【项目名称】框中，选择：多媒体课件开发。如图 4-6 所示。

图 4-6　项目辅助项录入

③ 单击【确认】按钮。输入借方金额 670 元。

④ 贷方科目输入 140301，该科目设置了数量核算，所以按回车后，需要输入数量核算数据，如图 4-7 所示。

⑤ 同样方法，可输入贷方科目 140302 和 140303。

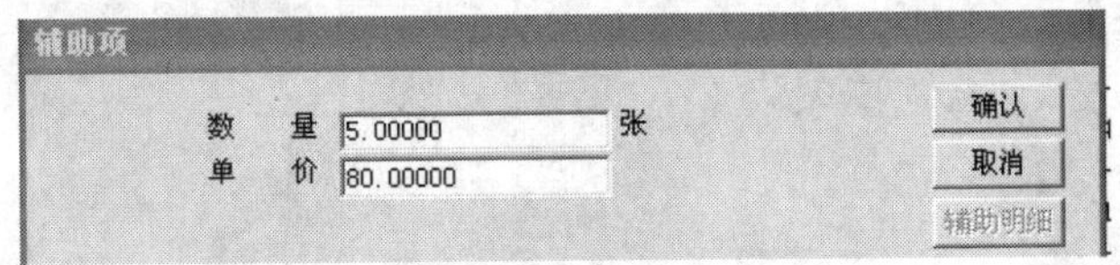

图 4-7　数量核算辅助项录入

8. 16 日，企划部购买办公用品 100 元，以现金支付，02 操作员填制如下错误凭证。

借：管理费用——办公费用（550203）　　100

　　贷：银行存款——人民币户（100201）　　100

详细步骤：参见第一笔经济业务。

第二节　审 核 凭 证

一、审核方法

凭证必须经过另一具有审核权限的操作员审核后才能记账，对认为有误或有异议的凭证应当交与填制人员修改后再审核，若无误则签字；对于设置了“凭证需出纳签字”参数，则对于收款凭证和付款凭证不仅需要审核员签字，还需要出纳签字；若设置了“凭证必须经由主管会计签字”，还需要会计主管签字。

二、审核时注意事项

所有填制的凭证必须经过审核。

审核人必须具有审核权限。

作废的凭证不能被审核，也不能被标错。

审核人和制单人不能是同一个人。

凭证一经审核，不能被修改、删除、只有取消审核签字后才可修改或删除，已标记作废的凭证不能被审核，需先取消作废标记后才能审核。

单击“审核”凭证会自动转到下一张凭证。

审核的快捷键是“F2”。

任务 4-2　审核凭证

以 01 操作员的身份登录企业门户，对任务 4-1 中 02 号操作员填制的凭证进行审核。将 1～7 笔业务凭证审核通过，并对第 8 笔业务进行标错。

详细步骤：

首先，更换操作员。

按照会计制度规定，凭证的填制与审核不能是同一个人，因此，在进行审核之前，需先更换操作员。

① 在【文件】菜单中，单击【重新注册】。

② 更换操作员：01，密码：1。

③ 单击【确定】。

其次，审核凭证。

屏幕审核时，可直接根据原始凭证，对屏幕上显示的记账凭证进行审核，对正确的记账凭证，发出签字指令，计算机在凭证上填入审核人名字。

审核人必须具有审核权，选择【凭证审核权限】条件时还需要有对制单人所制凭证的审核权。

提示：在确认一批凭证无错误时可以使用【成批审核凭证】功能，以便加快审核签字速度，但请慎用。执行审核时，系统将自动翻页。

① 以01身份进入企业门户。在【凭证】中，单击【审核凭证】，出现【凭证审核】卡片。

② 单击【确认】。

③ 单击【确定】。

④ 检查后，单击【审核】，可重复进行，完成1～7七笔经济业务凭证的审核

⑤ 对于第8笔经济业务，即付-0005号凭证，单击【标错】。

⑥ 单击【退出】。

任务4-3　查询凭证

以02操作员的身份登录企业门户，查询标错的凭证，执行打印预览的操作（此练习主要为了练习查询凭证的操作，不用进行其他操作。）

操作提示：以02操作员的身份登录企业门户，业务——财务会计——总账——凭证——查询凭证，选择【有错凭证】，点击【确定】，如图4-8所示。显示出凭证后，点击【预览】，如图4-9所示。

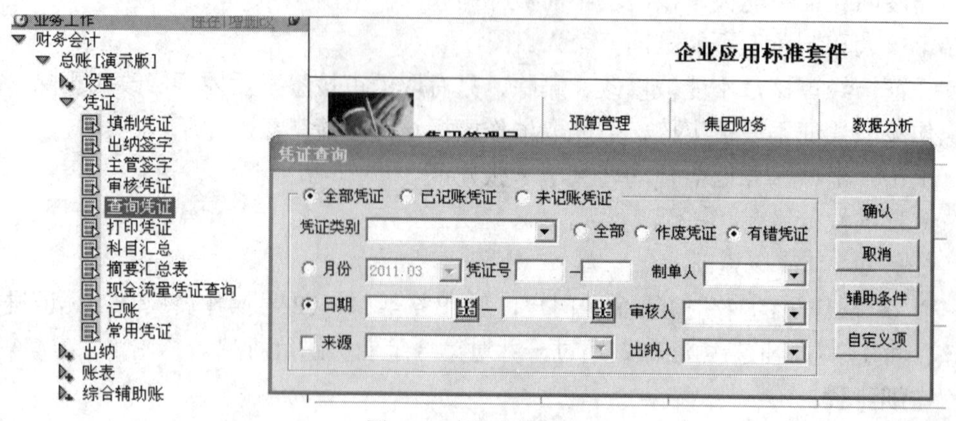

图4-8　查询有错凭证

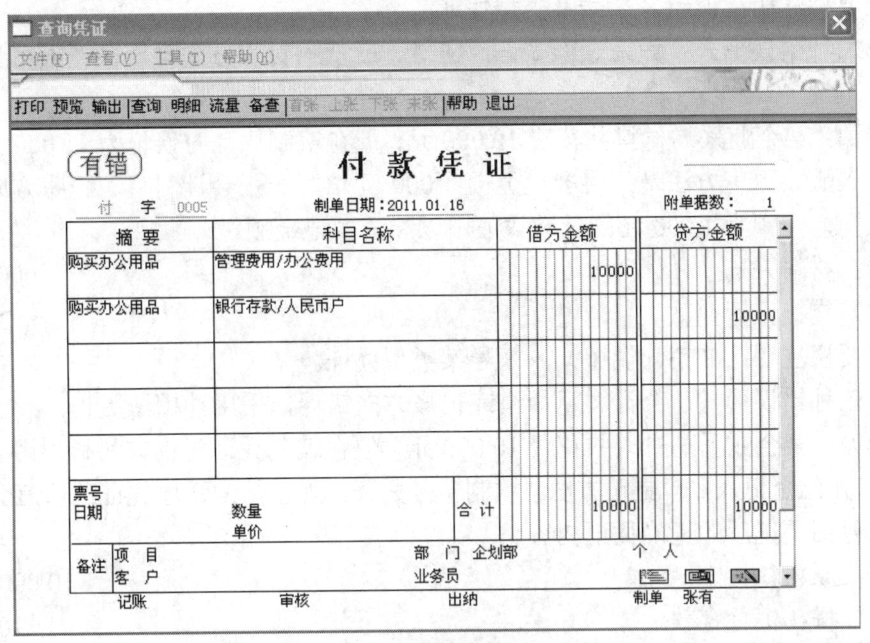

图 4-9　预览有错凭证

第三节　修 改 凭 证

一、修改凭证方法

会计信息系统环境下，凭证的修改方式与手工会计系统有所不同，分为以下几种情况区别对待。

1. 已经输入，还未审核凭证的修改方法。

制单人可以直接上机修改，修改痕迹不进行记录。

2. 已经输入并审核，还未记账的凭证的修改方法。

先由审核人取消已审核签章，再由制单人更错，修改痕迹不记录。

3. 已经登账凭证的修改方法。

按照会计制度的要求，已记账的凭证是不允许直接删除、修改的。因此，对于已记账的凭证不同的错误形式，要采取不同的更正方法，同时系统对已记账凭证的修改进行记录，留有修改痕迹。

第一种错误形式：凭证金额少记，科目和方向都正确，采用补充凭证法。

例如：某企业采购材料共花费 10 000 元，但在编制凭证时误记为 1 000 元，并已登记入账。更正方法是：编制并输入调整凭证。

借：材料采购　　9 000

　　贷：银行存款　　9 000

摘要栏注明：调整××号某类型凭证

第二种错误形式：凭证金额多记，应借、应贷科目和方向都正确，采用负数冲正法

例如：某企业采购材料共花费 10 000 元，但在编制凭证时误记为 11 000 元，并已登记入账。更正方法是：将多记金额 1 000 元填写一张会计科目、记账方向与原凭证相同，金额为 1 000 元的负数凭证用以冲销多记金额。

借：材料采购　　-1 000

　　贷：银行存款　　-1 000

摘要栏注明：冲销（调整）××号某类型凭证。

第三种错误形式：会计科目用错或记账方向错误，采用冲销法更正。

例如：某企业采购材料共花费 10 000 元，但在编制凭证时借方科目误用为“原材料”，并已登记入账。更正方法：填制一张凭证，既包括冲销原凭证的所有会计分录，也包括更正后的正确凭证内容

借：原材料　　-10 000

　　贷：银行存款　　-10 000

借：材料采购　　10 000

　　贷：银行存款　　10 000

第一笔分录摘要栏注明：冲销××号某类型凭证。

第二笔分录摘要栏注明：更正××号某类型凭证后的凭证。

任务 4-4　修改凭证

以 02 操作员的身份登录企业门户，对标错的凭证进行修改，改为如下凭证，并保存。

借：管理费用——办公费用（550203）　　100

　　贷：库存现金（1001）　　100

操作提示： 以 02 操作员的身份登录企业门户，业务——财务会计——总账——凭证——填制凭证，找到标错的凭证，在原错误凭证上进行修改，保存即可，如图 4.10 所示。

注意：

① 凭证填制人与修改人需为同一人。

② 若已采用制单序时控制，则在修改制单日期时，不能在上一张凭证的制单日期之前。

③ 若选择不允许修改或作废他人填制的凭证权限控制，则不能修改或作废他人填制的凭证。

④ 如果涉及银行科目的分录已录入支票信息，并对该支票做过报销处理，修改操作将不影响“支票登记簿”中的内容。外部系统传过来的凭证不能在总账系统中进行修改，只能在生成该凭证的系统中进行修改。

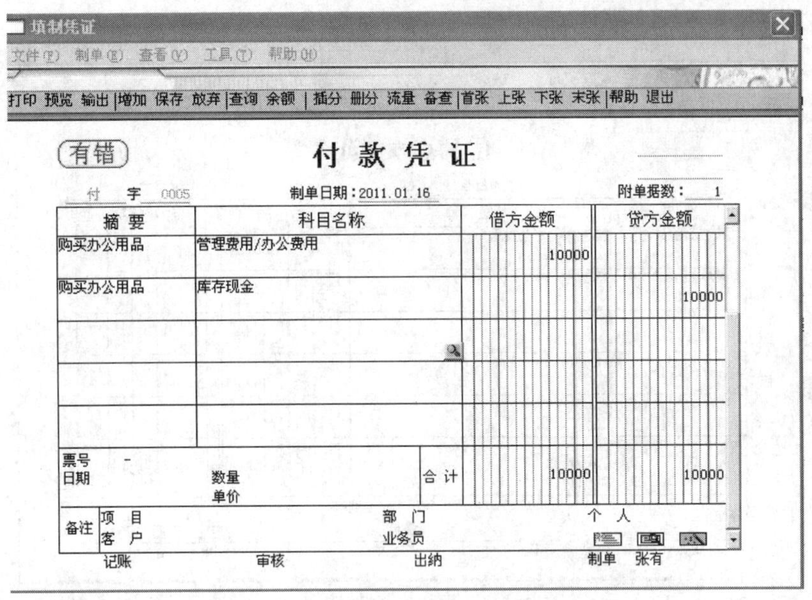

图 4-10　对标错的凭证进行修改

二、删除凭证方法

要删除一张凭证，先要作废这张凭证，然后再进行删除。

任务 4-5　作废凭证

以 02 操作员的身份登录企业门户，对任务 4-4 修改的凭证进行作废处理。

详细步骤：

如果遇到有非法的凭证需要作废时，则可以使用【作废/恢复】功能，将这些凭证进行作废。

说明： 作废凭证仍保留凭证内容及编号，只显示“作废”字样。作废凭证不能修改，不能审核。在记账时，已作废的凭证应参与记账，否则月末无法结账，但不对作废凭证作数据处理，相当于一张空凭证。账簿查询时，查不到作废凭证的数据。

若当前凭证已作废，可单击【编辑】菜单下的【作废/恢复】，取消作废标志，并将当前凭证恢复为有效凭证。

① 在【填制凭证】中，找到要作废的凭证。

② 在【制单】菜单中单击【作废/恢复】。

③ 左上角显示“作废”字样，表示该凭证已作废，如图 4-11 所示。

任务 4-6　删除作废凭证。

以 02 操作员的身份登录企业门户，对任务 4-5 中作废的凭证进行整理。

如果作废凭证不想保留时，则可以通过【凭证删除/整理】功能，将其彻底删除，并对未记账凭证重新编号。只能对未记账凭证作凭证整理。已记账凭证作凭证整理时，应先恢复本月月初的记账前状态，再作凭证整理。

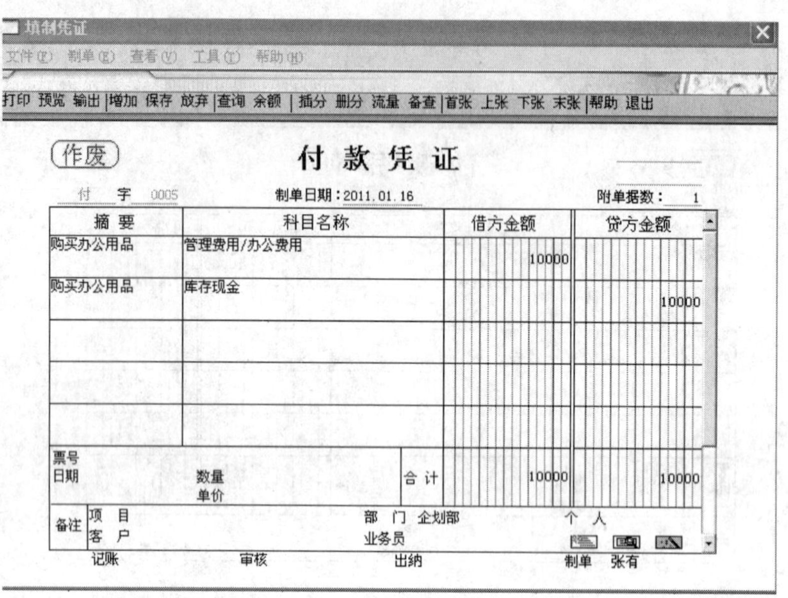

图 4-11　作废凭证

详细步骤：

① 在【制单】菜单中单击【凭证删除/整理】。

② 选择要整理的月份，如：1 月。

③ 单击【确定】，屏幕显示作废凭证整理选择对话框。

④ 选择要真正删除的作废凭证。

⑤ 单击【确定】，如图 4-12 所示。

系统将这些凭证从数据库中删除并对剩下的凭证重新排号。

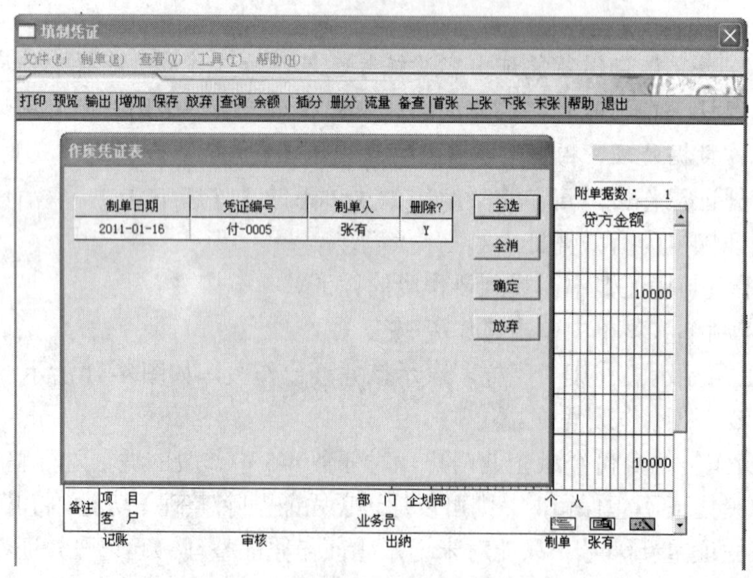

图 4-12　整理凭证

三、其他处理凭证方法

任务 4-7　执行出纳签字

出纳签字的前提条件：

（1）在“选项”中设置了“出纳凭证必须经由出纳签字”。

（2）在设置会计科目时，必须指定了“现金和银行存款会计科目”。

涉及指定科目的凭证才需出纳签字。若在会计科目设置时没有指定会计科目，执行出纳签字时，会提示“没有符合条件的凭证”。凭证一经签字，就不能被修改、删除，只有取消签字后才可以修改或删除，取消签字只能由出纳自己进行。在确定凭证无误时可以使用【成批出纳签字】功能，以便加快签字速度，但请慎用。

以 04 操作员登录企业门户，对所有需要出纳签定的凭证进行出纳签字。

详细步骤：

① 以 04 出纳的身份进入总账系统。在【凭证】中，单击【出纳签字】

② 输入“月份”：2011.01。

③ 单击【全部】复选按钮。

④ 单击【确认】。

⑤ 在【出纳签字】对话框中，双击【待签字凭证】或者单击【确定】，如图 4-13 所示。

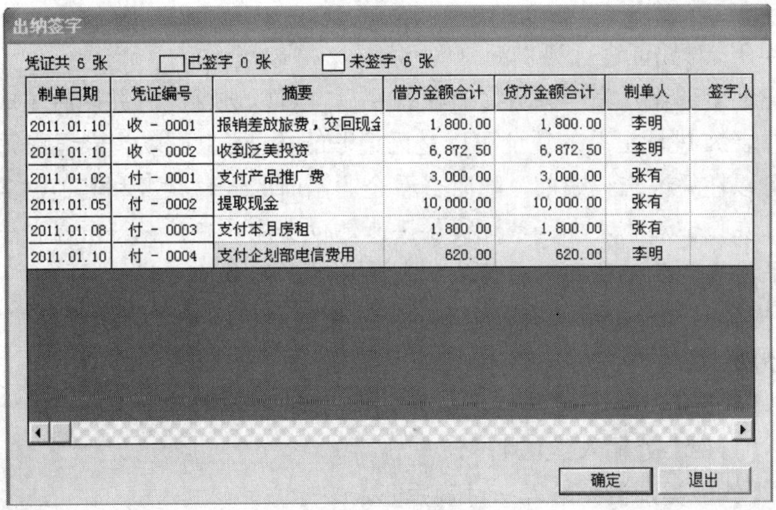

出纳签字

凭证共 6 张　□已签字 0 张　□未签字 6 张

制单日期	凭证编号	摘要	借方金额合计	贷方金额合计	制单人	签字人
2011.01.10	收 - 0001	报销差放旅费，交回现金	1,800.00	1,800.00	李明	
2011.01.10	收 - 0002	收到泛美投资	6,872.50	6,872.50	李明	
2011.01.02	付 - 0001	支付产品推广费	3,000.00	3,000.00	张有	
2011.01.05	付 - 0002	提取现金	10,000.00	10,000.00	张有	
2011.01.08	付 - 0003	支付本月房租	1,800.00	1,800.00	张有	
2011.01.10	付 - 0004	支付企划部电信费用	620.00	620.00	李明	

确定　退出

图 4-13　出纳签字

⑥ 单击【签字】，凭证底部的【出纳】处自动签上出纳姓名，如图 4-14 所示。

⑦ 单击【退出】。

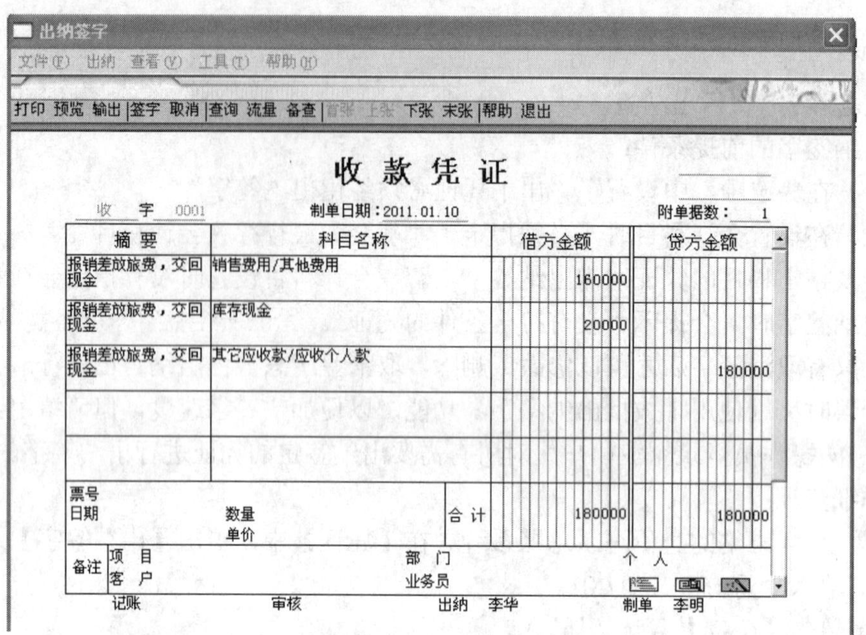

图 4-14 签字后的凭证

任务 4-8 执行主管签字

操作提示：以 01 操作员的身份登录企业门户，业务——财务会计——总账——凭证——主管签字。

任务 4-9 对凭证进行科目汇总

记账凭证全部输入完毕并进行审核签字后，可以进行汇总并同时生成一张《记账凭证汇总表》。进行汇总的凭证可以是已记账的凭证，也可以是未记账凭证，因此，财务人员可以在凭证未记账前，随时查看企业当前的经营状况和其他财务信息。

说明：在凭证汇总表中，系统提供快速定位功能和查询光标所在行专项明细账功能，如果要查询其他条件的科目汇总表，可再调用查询功能。

以 01 操作员的身份对所有未记账的凭证进行科目汇总，并执行打印预览命令。

详细步骤：

① 在【凭证】中单击【科目汇总】，出现凭证查找条件窗。

② 在【月份】处输入：1 月。

③ 在【凭证类别】处输入：付款凭证。

④ 选择范围：未记账凭证。其他条件为空。

⑤ 单击【汇总】，显示所有未记账付款凭证的汇总表。

任务 4-10 打印凭证

将未记账或已记账的凭证按标准格式输出到屏幕或打印机。

详细步骤：

① 在【凭证】中单击【打印凭证】，出现【凭证打印】卡片。

② 在【凭证类别】框中，选择：收款凭证。

③ 在【凭证格式】框中，选择：金额式。

④ 在【制单人】框中，选择制单人。

⑤ 单击【打印设置】，根据需要重新调整行高列宽。

⑥ 单击【打印】。

任务 4-11　设置常用凭证

1. 提取库存现金。

借：库存现金（1001）

　　贷：银行存款——人民币户（100201）

操作提示：以 01 操作员的身份登录企业门户，业务——财务会计——总账——凭证——常用凭证，点击【增加】，分别设置“编码、说明、凭证类别与附单据数”，设置完成后再点击【详细】，再设置借、贷方科目。如图 4-15 所示。

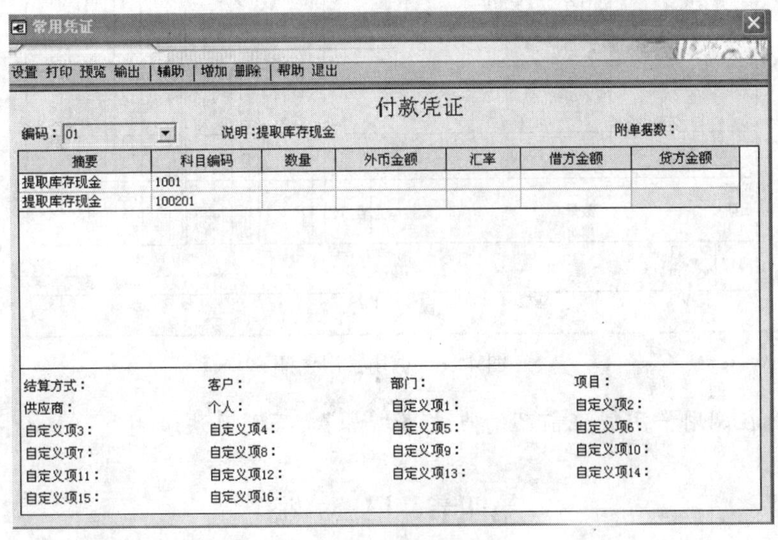

图 4-15　设置常用凭证

同样的方法可以继续设置下列两个常用凭证：

2. 报销差旅费。

借：销售费用——其他费用（550104）

　　贷：其他应收款——应收个人款（113302）

3. 支付费用。

借：管理费用——其他费用（550205）

　　贷：银行存款——人民币户（100201）

任务 4-12　调用常用凭证

以 02 操作员登录企业门户，练习调用常用凭证：

从银行提取现金 200 元。

借：库存现金（1001） 200

　　贷：银行存款——人民币户（100201） 200

操作提示：以 02 操作员的身份登录企业门户，业务——财务会计——总账——凭证——填制凭证，单击【制单】菜单下的【调用常用凭证】，或单击F4键，输入常用凭证代号或选入要调用的凭证号，再输入借贷方金额即可。如图 4-16 所示

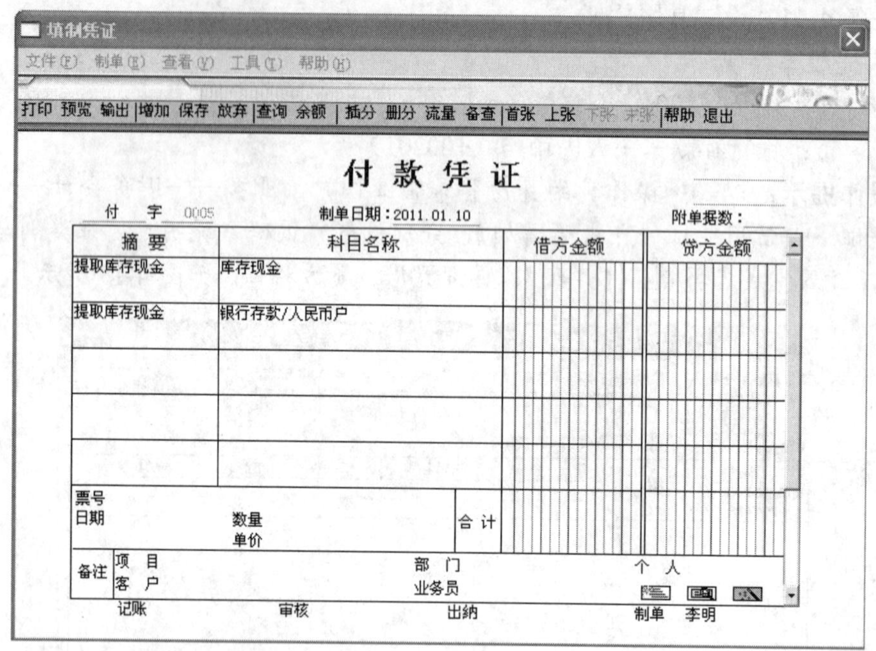

图 4-16　调用常用凭证

注意：在调用常用凭证前不能点击【增加】，否则无法调用。

第四节　记　　账

一、记账的含义

在计算机系统中，所有的凭证以记录的形式存放在一个数据库文件中，账簿也是以记录的形式存放在数据库的各个数据文件中，所以，总账子系统中的记账过程首先是一个数据传递的过程，把经过审核签章的、要求记账的记账凭证从录入凭证的数据库文件中传递到记账凭证数据库文件中，这一工作由计算机自动完成。经过记账的凭证是不能修改的。

二、记账过程

1. 选择记账凭证：由月份（不能为空）、凭证类别（空表示全部）、凭证编号决定。

2. 系统自动检验记账凭证。

3. 数据保护。

4. 正式记账。

三、记账时注意事项

未审核的凭证不能进行记账，记账范围应小于等于已审核范围。

已经记账的凭证不能进行修改。

第一次记账时会检查期初余额是否平衡，如果不平衡不能进行记账。

上月未记账，本月不能记账。

记账过程中，不得中断退出，一旦发生断电或因其他原因造成中断，系统将自动调用“恢复记账前状态”恢复数据，然后再重新记账。在记账过程中，不得中断退出。

作废凭证不需审核可直接记账。

在设置过程中，如果发现某一步设置错误，可单击【上一步】近回后进行修改。如果不想再继续记账，可单击【取消】，取消本次记账工作。

任务 4-13　记账

以 01 操作员身份将所有凭证审核通过，并进行记账。

操作提示：以 01 操作员的身份登录企业门户，业务——财务会计——总账——凭证——记账。记账范围可输入数字、“—”和“,”。

详细步骤：

① 在【凭证】中，单击【记账】，进入记账向导一——选择本次记账范围。

② 输入要进行记账的凭证范围。例如，在付款凭证的“记账范围”栏中，输入：1-2。这里我们单击【全选】，如图 4-17 所示。

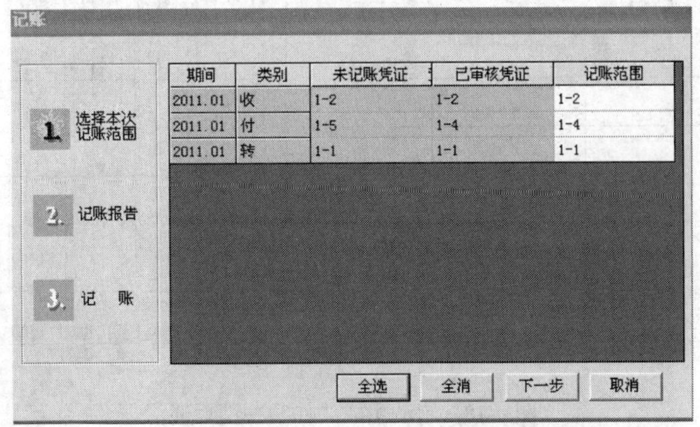

图 4-17　选择记账凭证范围

③ 单击【下一步】，进入记账向导二——记账报告。

④ 如果需要打印记账报告，可单击【打印】按钮。

⑤ 单击【下一步】，进入记账向导三——记账。

⑥ 单击【记账】，显示【试算平衡】。

⑦ 单击【确认】，系统开始登录有关的总账和明细账、辅助账。

⑧ 单击【确定】，记账完毕。

任务 4-14 冲销凭证

如果需要冲销某张已记账的凭证，可以采用【制单】菜单下的【冲销凭证】命令制作红字冲销凭证。制作红字冲销凭证将错误凭证冲销后，需要再编制正确的蓝字凭证进行补充。通过红字冲销法增加的凭证，应视同正常凭证进行保存和管理。

以 02 操作员登录企业门户，对付-0003 号凭证做一红字冲销凭证，然后再以 01 操作员对其审核并进行记账。

操作提示：以 02 操作员的身份登录企业门户，业务——财务会计——总账——凭证——填制凭证，制单——冲销凭证，输入要冲销的凭证编号，点击确定即可。再换成 01 号操作将该凭证审核通过并记账。

详细步骤：

① 在【制单】菜单中单击【冲销凭证】。

② 输入制单月份，如：1 月。输入凭证类别和凭证号。

③ 单击【确定】，系统自动生成一张红字冲销凭证。如图 4-18 所示。

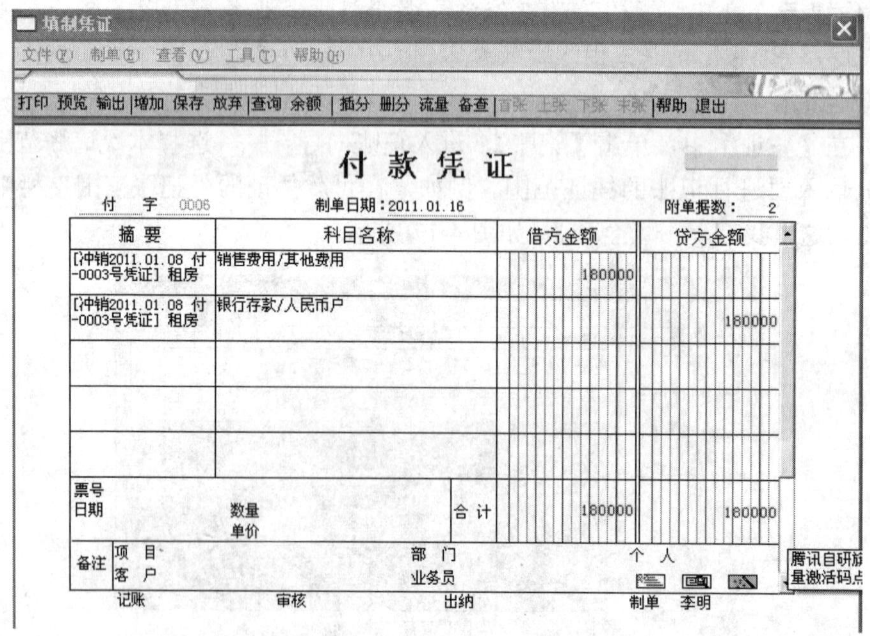

图 4-18 自动生成的红字冲销凭证

任务 4-15 取消记账

在【对账】功能中，有一个隐含功能为【恢复记账前状态】(即取消记账)。当在记账后，发现记账有误，而又不想通过其他方式来修正时，可以激活恢复记账前

功能，它本身是一个数据恢复过程。已结账月份的数据不能取消记账。

练习完成后重新将所有凭证记账

操作提示：以01操作员的身份登录企业门户，业务——财务会计——总账——期末——对账，弹出对账对话框，按CTRL+H，显示出【恢复记账前状态被激活】，点击【恢复记账前状态】，选择要恢复的程度，确定，输入主管口令即可（提示，本案例口令为空）。如果退出系统后又重新进入系统或在【对账】中按Ctrl+H键将重新隐藏【恢复记账前状态】功能。

详细步骤：

① 在【期末】中，单击【对账】。

② 按Ctrl+H键，激活恢复记账前状态功能，如图4-19所示。

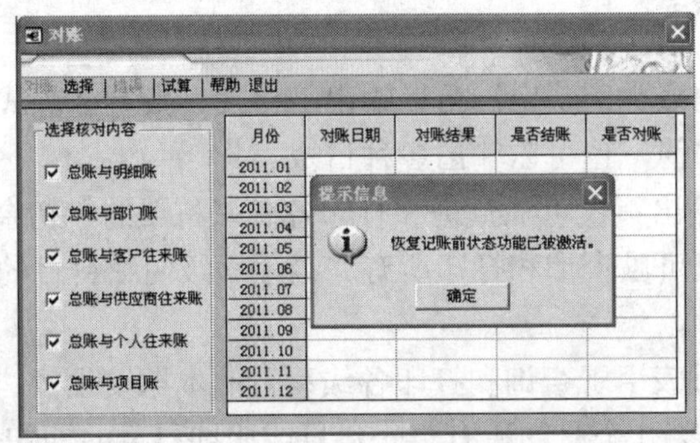

图4-19　恢复记账前状态功能被激活

③ 单击【确定】。

④ 单击【退出】。

⑤ 在【凭证】菜单中，单击【恢复记账前状态】。

⑥ 单击【最近一次记账前状态】复选按钮，如图4-20所示。

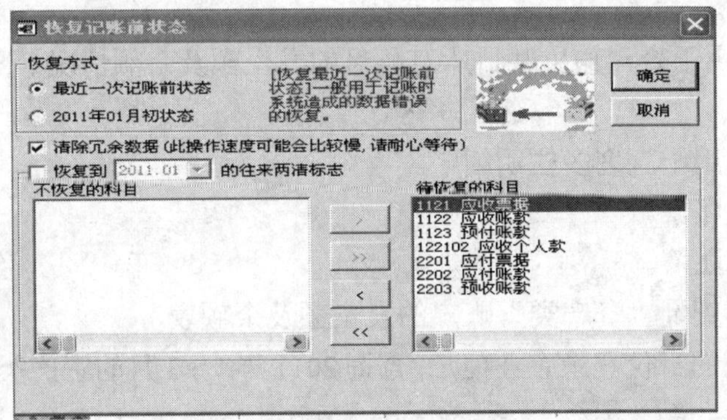

图4-20　恢复记账前状态

⑦ 单击【确定】。

⑧ 单击【确定】，恢复记录完毕，返回。

第五节 账 簿 输 出

一、账簿输出方式

查询（输出到屏幕）、打印（纸张）。

二、账簿分类

账簿有总分类账、明细账、日记账（任意科目的）、科目发生额/余额表、日报表、各种辅助核算账簿以及其他自定义的综合输出等。

三、账簿输出格式

由科目设置中的账类所决定，可以输出三栏式、数量金额式、复币式、多栏式等用户需要的各种账簿，也可以输出各种日报表。

1. 总账。总账输出不仅可能查询和打印各总账科目的年初余额、各月发生额合计和月末余额，而且可以查询和打印所有二级至六级明细科目的年初余额、各月发生额合计和月末余额。

2. 余额表。余额表用于查询和打印各级科目的本期发生额、累计发生额和余额等。可以输出某月或某几个月的所有总账科目或明细科目的期初余额、本期发生额、累计发生额和期末余额，所以在实行计算机记账后，可用余额表代替总账。

3. 明细账。用于平时查询各账户的明细发生情况，及按任意条件组合查询明细账。可以包含未记账凭证。三种方式：普通明细账、按科目排序明细账、月份综合明细账。

4. 日记账。用于查询除现金日记账、银行存款日记账（在出纳管理中查）以外的其他日记账。

5. 日报表。用于查询输出某日所有科目的发生额及余额情况（不包括库存现金、银行存款科目）。

6. 多栏账。用于查询多栏明细账。

7. 综合多栏账。

8. 辅助核算账簿。

任务 4-16 查询“资产类”账户的发生额及余额表

以 02 操作员的身份登录企业门户，查询 2011 年 1～3 月的资产类的科目余额表。

详细步骤：

① 在【总账】、【账表】、【科目账】中，单击【余额表】。

② 在【起止月份】框中，选择：2011.01—2011.03；科目范围为空。

③ 在【科目级次】框中，选择：末级科目。

④ 单击【包含未记账凭证】单选按钮，如图 4-21 所示。

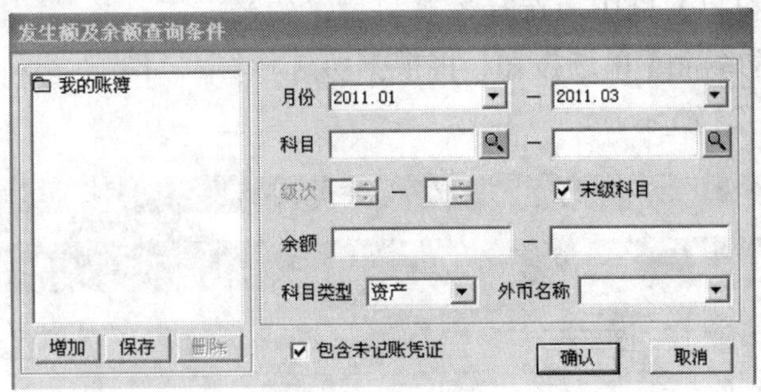

图 4-21　查询条件

⑤ 单击【确认】，显示“发生额及余额表”。

⑥ 在【账页格式】框中，可转换账页格式。

⑦ 单击【累计】，系统自动显示借贷方累计发生额。

⑧ 将光标定在具有辅助核算的科目所在行，单击【专项】，可查到相应科目的辅助总账或余额表。

任务 4-17　查询三栏式总账

以 02 操作员的身份登录企业门户，查询 2011 年 1～3 月的 1101-1141 所有科目的三栏式总账。

详细步骤：

① 在【账簿】菜单中，单击【总账】。

② 在【科目范围】框中，选择：1001-1141。

③ 在【科目的级次范围】框中，选择：1-1，如图 4-22 所示。

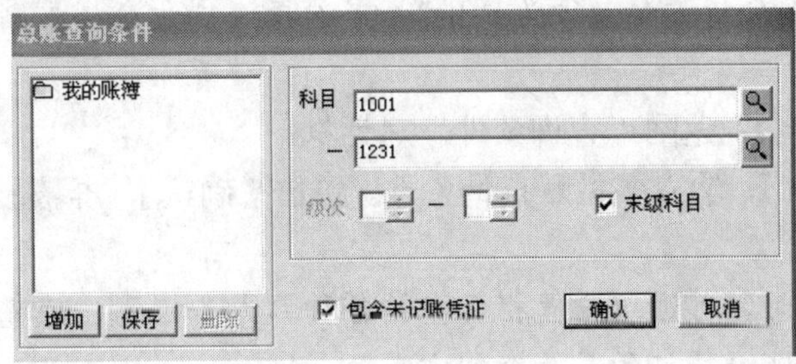

图 4-22　查询条件

④ 单击【确定】，显示查询结果。

提示：在总账查询窗口可单击【明细】按钮查看明细账。

任务 4-18　多栏式明细账

以 02 操作员的身份登录企业门户，进行生产成本的多栏式明细账查询。

详细步骤：

① 在【科目账】中，单击【多栏账】。

② 单击【增加】，屏幕显示【多栏账】定义窗口。

③ 在【核算科目】框中，选择核算科目：生产成本。

④ 单击【自动编制】单选按钮，将根据所选核算科目的下级科目自动编多栏账分析栏目，如图 4-23 所示。

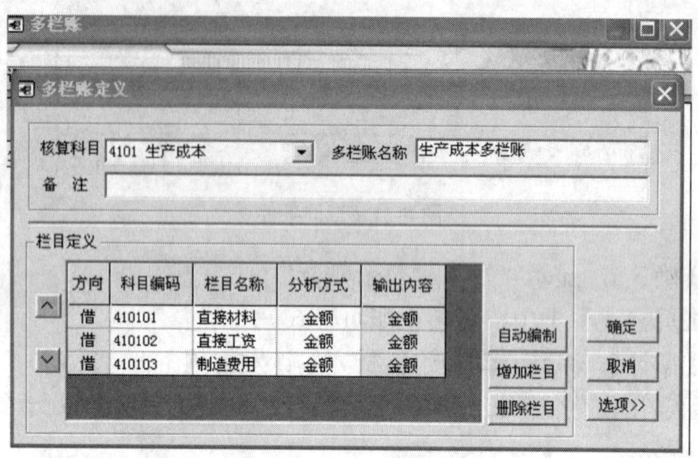

图 4-23 多栏账定义

⑤ 单击【选项】，打开格式选项窗口。

⑥ 单击【选项】，选择【输出金额】。

说明：选择金额方式，则系统只输出其分析方向上的发生额；选择余额方式，系统对其分析方向上的发生额按正数输出，其相反发生额按负数输出。

⑦ 选择【分析栏目前置】。

提示：如果选择了【分析栏目后置】，则所有栏目的分析方向必须相同，且若选择【借方分析】，则分析方向必须为“借”，若选择【贷方分析】则分析方向必须为“贷”。

⑧ 单击【确定】，返回“查询条件”对话框。

⑨ 单击【查询】，输入多栏账查询条件。单击【确认】，屏幕显示“增值税多栏账”。

说明：在查询时，可通过设置栏目查询各种格式多栏账，可完成由多栏明细账→总账，多栏明细账→凭证的灵活查询方式。

任务 4-18 账簿打印

【账簿打印】功能打印的是作为正式账簿使用的账簿；【打印】功能是打印符合查询条件的各种账簿，不能作为正式账保存。

以 02 操作员的身份登录企业门户，进行生产成本的多栏式明细账查询。

详细步骤：

① 在【账表】中，单击【账簿打印】、【科目账簿打印】、【总账】。

② 根据实际需要，输入打印条件。单击【打印预览】。

说明：“开始科目”和“结束科目”可输可不输。账簿打印可选择套打方式，套打时应使用用友公司指定打印用纸。系统一般默认账簿格式为金额式，根据需要可选择其他格式。

③ 要改变打印设置，可单击【设置】进行调整。

④ 根据企业实际情况，调整输出账簿页面的行高列宽。

⑤ 单击【确定】。

练　习　题

一、单选题

1. 下列关于彻底删除一张未审核的凭证，正确的操作是（　　）。
   A.可直接删除　　B. 可将其作废
   C. 先作废，再整理凭证断号　　D. 先整理凭证断号，再作废
2. 下列不属于凭证头的内容是（　　）。
   A. 凭证类别　　B. 凭证编号　　C. 制单日期　　D. 摘要
3. 填制凭证时，借方和贷方科目是（　　）
   A. 必须是最末一级明细科目　　B. 必须是一级科目
   C. 可以不是最末一级明细科目　　D. 没有限制
4. 取消某张凭证审核的签字，只能由（　　）。
   A. 制单人　　B. 审核人
   C. 系统管理员　　D. 该凭证的审核人
5. 经过审核但还没有记账的记账凭证发现有错误应该（　　）
   A. 直接进行修改　　B. 取消审核后修改
   C. 不能修改　　D. 用红字冲销法修改
6. 在总账子系统中，只要有凭证审核权，就可以审核（　　）
   A. 自己输入的凭证　　B. 任何人输入的凭证
   C. 自己以外的其他人输入的凭证　　D. 以上全部
7. 使用总账子系统时，仍然需要用人工完成的会计处埋环节是（　　）
   A. 编制凭证　　B. 登记总账　　C. 编制报表　　D. 登记明细账
8. 填制凭证时，如系统提示“科目不存在”，表示该科目是（　　）的科目。
   A. 没有设置　　B. 不是明细　　C. 非法对应　　D. 都不是
9. 填制凭证时，填入的日期应是（　　）的日期。
   A. 操作员登录　　B. 业务发生　　C. 已结账期间　　D. 都不对
10. 总账子系统中，输入凭证时，摘要可使用（　　）输入。
    A. 汉字输入法　　B. 代码　　C. 热键　　D. 以上全部

11. 填制凭证时，系统预设凭证日期是（　　）的日期。

A. 业务发生　　B. 最末凭证　　C. 操作员登录　　D. 都不对

12. 填制凭证时，操作员输入科目代码后，系统将自动显示（　　）。

A. 科目类型　　B. 科目名称　　C. 借方金额　　D. 贷方金额

13. 填制凭证时，如输入的科目属于外币核算，则需要输入（　　）。

A. 外币原值　　B. 外币汇率　　C. 外币币种　　D. 原值和汇率

14. 总账子系统中，凭证的编号应遵守（　　）。

A. 递增可跳号　　B. 递增可重号　　C. 连续递增　　D. 随机给定

15. 如填制的凭证能顺利保存，表示该凭证的金额（　　）。

A. 一定正确　　B. 借贷平衡　　C. A 或 B 都对　　D. A 或 B 都不对

16. 发现已记账的凭证有错误时，可用（　　）修改错误。

A. 红字冲销法　　B. 删除该凭证　　C. 直接修改　　D. 都不对

17. 总账子系统中，凭证输入和审核应由（　　）完成。

A. 一个人　　B. 两个人　　C. 经理　　D. 计算机

18. 账务处理系统中，（　　）的凭证可以登账。

A. 已审核　　B. 未审核　　C. 已存盘　　D. 无错误

19. 当用户使用相同的操作员姓名登录，并对其编制的凭证进行审核时，系统会（　　）。

A. 给予提示,要求更换为其他操作人员

B. 发生死机

C. 自动退出凭证审核操作

D. 给予提示后审核通过

二、多选题

1. 填制凭证时，确定科目的办法有（　　）。

A. 可输入科目编码　　B. 可输入科目名称

C. 可输入助记码　　D. 可选择输入

2. 填制凭证时，凭证正文包括的内容有（　　）。

A. 摘要　　B. 科目　　C. 金额　　D. 附件数

3. 用友软件中，“银行存款”科目通常会选择（　　）辅助核算。

A. 日记账　　B. 银行账　　C. 外币核算　　D. 客户往来

4. 用友软件中，填制凭证的功能通常包括（　　）。

A. 增加凭证　　B. 修改凭证　　C. 删除凭证　　D. 查询凭证

5. 总账系统日常业务处理的任务主要包括（　　）。

A. 填制凭证　　B. 审核凭证　　C. 记账　　D. 账簿查询

6. 基本会计核算账簿管理包括（　　）的查询及打印。

A. 总账　　B. 余额表　　C. 明细账　　D. 客户往来账

7. 凭证是总账子系统最基本最重要的资料来源，其中下列（　　）属于计算机总账子系统处理的凭证来源。

A. 手工凭证　　B. 机制凭证　　C. 原始凭证　　D. 派生凭证

三、判断题

1. 记账工作由计算机自动进行数据处理，每月可多次进行。（　　）
2. 填制凭证时，确定借贷方科目时，只能输入科目编码。（　　）
3. 填制凭证时，金额不能为“零”，红字以“-”号表示。（　　）
4. 只有审核后的凭证才能执行记账操作。（　　）
5. 一张凭证上只能记录一笔经济业务。（　　）
6. 凭证一旦保存，其凭证类别、凭证编号不能修改。（　　）
7. 采用序时控制时，凭证日期应大于等于启用日期，可以超过业务日期。（　　）
8. 审核人和制单人可以是同一个人。（　　）
9. 凭证一经审核，不能被修改、删除、只有取消审核签字后才可修改或删除。（　　）
10. 已标记作废的凭证不能被审核，需先取消作废标记后才能审核。（　　）
11. 已记账的凭证是可以直接删除、修改。（　　）
12. 若选择不允许修改或作废他人填制的凭证权限控制，则不能修改或作废他人填制的凭证。（　　）
13. 在记账时，已作废的凭证应参与记账，否则月末无法结账，但不对作废凭证作数据处理，相当于一张空凭证。（　　）
14. 如果作废凭证不想保留时，则可以通过【凭证删除/整理】功能，将其彻底删除。（　　）
15. 凭证一经出纳签字，就不能被修改、删除，只有取消签字后才可以修改或删除，取消签字只能由出纳自己进行。（　　）
16. 在调用常用凭证前不能点击“增加”，否则无法调用。（　　）
17. 第一次记账时会检查期初余额是否平衡，如果不平衡不能进行记账。（　　）
18. 上月未记账，本月不能记账。（　　）
19. 在对账对话框，按CTRL+H，可显示出“恢复记账前状态被激活”。（　　）
20. 【账簿打印】功能打印的是作为正式账簿使用的账簿；【打印】功能是打印符合查询条件的各种账簿，不能作为正式账保存。（　　）
21. 总账子系统中的初始化工作完成前就可以输入记账凭证。（　　）
22. 只分配有制单和审核操作权限的操作员不能进行结账的操作。（　　）
23. 总账子系统中允许使用机制凭证。（　　）
24. 总账子系统中，自动转账所产生的记账凭证也需要经审核后才能登账。

（ ）

25. 发现已审核的记账凭证有错误时，只能用红字冲销法修改。（ ）

26. 总账子系统中，会计凭证一经登账就意味着不可能再进行任何修改。（ ）

四、思考题

1. 总账日常业务处理都包括哪些工作？
2. 执行出纳签字的前提条件是什么？

第五章 出纳管理、辅助核算管理

【知识目标】

1. 理解并掌握出纳管理的内容及方法；
2. 理解并掌握辅助核算管理的内容及方法。

【技能目标】

1. 学会查询、打印银行存款日记账、现金日记账、资金日报表；
2. 学会进行支票登记和银行对账；
3. 理解总账子系统辅助核算的方法和需要注意的问题；
4. 学会总账子系统的辅助核算操作。

第一节 出纳管理

出纳管理是总账子系统给出纳人员提供的一套管理工具，其主要功能包括查询和打印现金日记账、银行存款日记账和资金日报表；登记和管理支票登记簿；录入银行对账单，进行银行对账，输出银行存款余额调节表，并可以对银行长期未达账提供审计报告。

一、查询打印日记账、资金日报表

总账子系统中，日记账由计算机自动登记，日记账的主要作用是用于输出现金与银行存款日记账，供出纳员核对现金和银行存款的收支和结存等情况。

为了输出现金日记账和银行存款日记账，要求在系统初始化时，库存现金科目和银行存款科目必须选择“日记账”标记，即表明该科目要登记日记账。所以，如果需要，任何一个会计科目都可以输出日记账。

资金日报表是反映库存现金和银行存款科目当日借贷方发生额及余额情况的报表。

任务 5-1 查询 2011 年 1 月的现金日记账和资金日报表

1. 现金日记账。

要查看“包括未记账凭证”的日记账，可选中“包括未记账凭证”选项。如果本月尚未结账，查看时显示“当前合计”“当前累计”；如果本月结账，显示“本月合计”“本年累计”。

操作提示：以 04 操作员的身份登录企业门户，业务——财务会计——总账——出纳——现金日记账（或资金日报表），科目栏选择1001 现金，确定查询方式。

详细步骤：

① 在【出纳】中，单击【现金日记账】。

② 在【科目】框中，选择：1001 现金。

③ 默认【查询方式】：按月查询；月份：2011.01。

④ 单击【确认】，显示“现金日记账”窗口

⑤ 在【账页格式】下拉框中，可选择需要查询的格式。

⑥ 双击某行或将光标定在某行再单击【凭证】，可查看相应的凭证。

⑦ 单击【总账】，可查看此科目的三栏式总账。

2. 资金日报表。

单击【日报】可查询并打印光标所在科目的日报单；单击【昨日】可查看昨日现金、银行科目的余额。

① 在【出纳】菜单中，单击【资金日报表】。

② 在【资金日报表查询条件】对话框中，输入日期：2000.01.03。

③ 单击【有余额无发生也显示】复选按钮。

④ 单击【确认】，屏幕显示“资金日报表”。

3. 银行存款日记账。

银行存款日记账查询与现金日记账查询操作基本相同，所不同的只是银行存款日记账比现金日记账多一结算号栏，主要是对账时用。

二、支票登记

手工记账时，出纳员通常使用支票领用登记簿来登记和管理领用的支票。计算机会计处理系统中也为出纳员提供了支票登记簿，用以详细登记支票领用人、领用日期、支票用途、是否报销等信息。

某种银行结算方式若在结算方式设置时设置了要求使用支票登记簿，则在日常业务处理中，使用该结算方式的支票时，出纳员应进入【支票登记簿】功能，并按系统提示输入支票领用日期、部门、领用人、支票号和备注等。输入或填制凭证时，若遇到反映该支票报销的记账凭证，系统将自动提示要求输入该支票的结算方式和支票号，并自动登记支票登记簿。

任务 5-2 登记支票

只有在结算方式设置中选择【票据控制功能】才能在此选择登记银行科目。

2011 年 1 月 25 日，市场部李斯奇领用现金支票一张，准备用于购买办公用品，预计花费金额为 1 000 元，票号：1235。

操作提示：以 04 操作员的身份登录企业门户，业务——财务会计——总账——出纳——支票登记簿，选择银行科目，单击【增加】，输入信息，保存退出。

详细步骤：

① 在【出纳】框中，单击【支票登记簿】。

② 在【科目】框中，选择：人民币户 100201。

③ 单击【确定】。

④ 在【支票登记】窗口中，单击【增加】。

⑤ 输入下列信息：领用日期：2011.01.25；领用部门：市场部；领用人：李期奇；支票号：1235；预计金额：1 000。

说明：领用日期和支票号必须输入，其他内容可输可不输。报销日期不能在领用日期之前。已报销的支票可成批删除。

⑥ 单击【保存】。

⑦ 单击【退出】。

三、银行对账

由于企业与银行处理和入账时间上的差异，经常会出现双方账面不一致的情况（即出现未达账项）。为防止记账发生差错，正确掌握银行存款的实际余额，必须定期将企业银行存款日记账与银行发出的对账单进行核对并编辑银行存款余额调节表。

所以，对账就是将系统登记的银行存款日记账与银行对账单（来自开户行）进行核对。包括以下工作：

1. 录入银行对账期初数据：确定银行账户的启用日期；录入企业银行存款日记账和银行对账单的调整前余额；录入企业银行存款日记账和银行对账单期初未达项。

2. 录入银行对账单：在一个会计期间期末，需要进行银行对账，要选择银行账户录入银行对账单。

3. 银行对账：依据："方向金额相同"必选，其他可选。自动对账和手工对账相结合方式进行，先自动对账，对上的标志两清，再手工调整。

4. 编制余额调节表：由系统自动编制的，结账结束后，就可编制、查询和打印银行存款余额调节表，以检查对账是否正确。

理解下列四种情况的含义：

银行已收企业未收；

银行已付企业未付；

企业已收银行未收；

企业已付银行未付。

举例：甲公司 2008 年 6 月 30 日银行存款日记账账面余额是 254 000 元，而银行送来的对账单上本企业银行存款余额是 282 000 元，经逐笔核对发现以下情况：

（1）企业于 6 月 29 日送存转账支票 14 000 元，银行尚未登入企业存款账户。

（2）企业委托银行向大华公司代收货款 50 000 元，银行已经收到入账，但收款通知尚未送到企业，所以企业尚未登账。

（3）企业6月30日开出转账支票36 000元，持票单位尚未到银行办理转账，所以银行尚未登账。

（4）银行代付电费44 000元，因转账通知尚未送到企业，所以企业尚未登账。

要求：根据以上资料，编制《银行存款余额调节表》。

解：

（1）属于企业已收，银行未收。

（2）银行已收，企业未收。

（3）企业已付，银行未付。

（4）银行已付，企业未付。

所以，余额调节表为如表5-1所示。

表5-1　余额调节表

单位日记账		银行对账单	
账面余额	254 000	账面余额	282 000
加：银行已收企业未收	50 000	加：企业已收银行未收	14 000
减：银行已付企业未付	44 000	减：企业已付银行未付	36 000
调整后余额	260 000	调整后余额	260 000

四、出纳管理中的注意事项

1. 第一次使用银行对账功能前，系统要求录入日记账及对账单未达账项，在开始使用银行对账之后不再录入。

2. 在录入完单位日记账、银行对账单期初未达账项后，不要随意调整启用日期。

3. 对账条件中的“方向、金额相同”是必选条件，其他为可选。

4. 对于已达账项，系统自动在银行存款 日记账和银行对账单双方的“两清”栏上打上圆圈标志。

任务5-3　银行对账

银行账的启用日期为2011/01/01，“人民币户 100201”科目，企业日记账余额为85 964.57元，银行对账单余额为85 964.57元，期初无未达账项。月底银行给企业对账单，进行对账如表5-2所示。

表5-2　银行对账单

日期	结算方式及结算号	收入	支出
2011-1-18	202-1234		3 000
2011-1-18	1-2345		10 000
2011-1-18	202-1235		1 800

续表

日期	结算方式及结算号	收入	支出
2011-1-18	202		6 20
2011-1-18	1		200
2011-1-18	1		-200
2011-1-19	202	17 550	
2011-1-19	202-1237		38 025

操作提示：以 04 操作员的身份登录企业门户，业务——财务会计——总账——出纳——银行对账。

（1）将银行对账期初录入

详细步骤：

① 在【出纳】菜单中，指向【银行对账】，单击【银行对账期初录入】，屏幕弹出【银行科目选择】对话框。

② 在【科目】框中，选择：100201 人民币户。单击【确定】，进入【银行对账期初】窗口。

③ 确定【启用日期】：2011.01.01。

提示：在录入完单位日记账、银行对账单期初未达账项后，请不要随意调整启用日期，尤其是向前调，这样可能会造成启用日期后的期初数不能再参与对账。

④ 在单位日记账的“调整前余额”栏，输入：85 964.57。

⑤ 在银行对账单的“调整前余额”栏，输入：85 964.57。

⑥ 若有未达账项，则单击【对账单期初未达项】，弹出“银行方期初”对话框。

⑦ 单击【增加】。

⑧ 输入未达账项的日期、结算方式、金额等数据（这里没有未达账项，可不写）。

⑨ 单击【保存】。

⑩ 单击【退出】。

（2）录入银行对账单

要实现计算机自动进行银行对账，在每月月末对账前，必须将银行开出的银行对账单输入计算机，存入“对账单文件”。

说明：若企业在多家银行开户，对账单应与其对应账号所对应的银行存款的末级科目一致。

操作提示：业务——财务会计——总账——出纳——银行对账——银行对账单

详细步骤：

① 在【出纳】菜单中，指向【银行对账】，单击【银行对账单】，屏幕弹出“银行科目选择”对话框。选中【科目】：100201 人民币户。单击【确定】后，屏幕显示“银行对账单”窗口。

② 单击【增加】。

③ 重复银行对账期初录入操作步骤，录入所给的银行对账单资料。

④ 单击【保存】。

⑤ 单击【退出】。

（3）执行银行对账

需对账的资料全部录入完毕后，即可进行银行对账。银行对账采用自动对账与手工对账相结合的方式。

首先，进行自动对账，为了能够尽可能地发挥【自动对账】功能的作用，可首先依据“票号+方向+金额”方式进行自动对账，然后再依据“方向+金额”方式进行自动对账。对账条件中的方向、金额相同是必选条件。

操作提示：业务——财务会计——总账——出纳——银行对账：点击“对账”。

详细步骤：

① 在【出纳】菜单中，指向【银行对账】，单击【银行对账】，屏幕弹出“银行科目选择”对话框。再选中【科目】：100201 人民币户；默认系统选项：显示已达账后，单击【确定】，显示“银行对账”窗口。

② 单击【对账】，显示“自动对账条件”对话框。

③ 输入“截止日期”：2011.01.31。

④ 默认系统提供的对账条件，并确定日期相差 30 天之内。

⑤ 单击【确定】，显示自动对账结果，如图 5-1 所示。

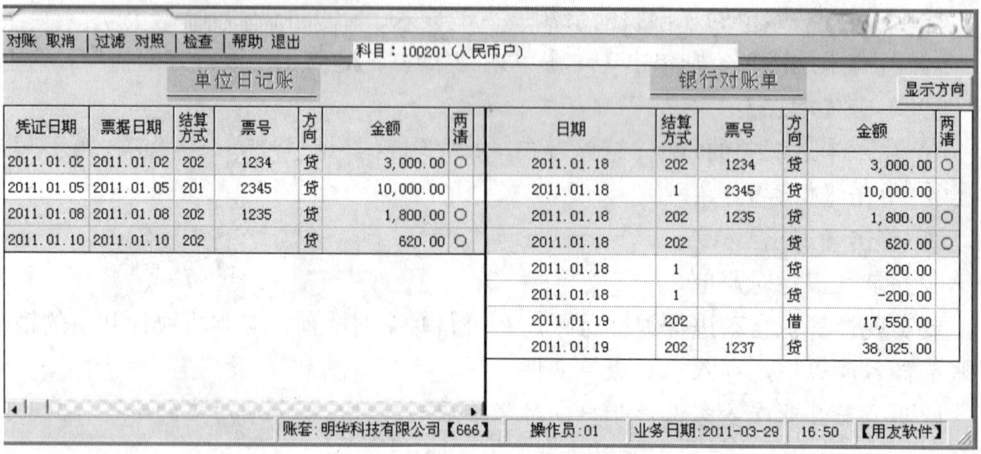

对账 取消 | 过滤 对照 | 检查 | 帮助 退出

科目：100201（人民币户）

单位日记账

凭证日期	票据日期	结算方式	票号	方向	金额	两清
2011.01.02	2011.01.02	202	1234	贷	3,000.00	○
2011.01.05	2011.01.05	201	2345	贷	10,000.00	
2011.01.08	2011.01.08	202	1235	贷	1,800.00	○
2011.01.10	2011.01.10	202		贷	620.00	○

银行对账单　显示方向

日期	结算方式	票号	方向	金额	两清
2011.01.18	202	1234	贷	3,000.00	○
2011.01.18	1	2345	贷	10,000.00	
2011.01.18	202	1235	贷	1,800.00	○
2011.01.18	202		贷	620.00	○
2011.01.18	1		贷	200.00	
2011.01.18	1		贷	-200.00	
2011.01.19	202		借	17,550.00	
2011.01.19	202	1237	贷	38,025.00	

账套：明华科技有限公司【666】　操作员：01　业务日期：2011-03-29　16:50　【用友软件】

图 5-1　自动对账结果

说明：对于已达账项，系统自动在银行存款日记账和银行对账单双方的“两清”栏打上圆圈标志。

其次，进行手工对账。

由于系统中的银行未达账项是通过凭证处理自动形成的，期间有人工录入过程，可能存在不规范输入的情况，造成自动对账无法勾销，这时可以通过手工对账来

完成。

详细步骤：

① 对于一些应勾对而未勾对上的账项，可分别双击【两清】栏，可直接进行手工调整。如图 5-2 所示。

② 对账完毕，单击【检查】。

③ 检查结果平衡，单击【确认】。

对账 取消 | 过滤 对照 | 检查 | 帮助 退出　　科目：100201（人民币户）

单位日记账

凭证日期	票据日期	结算方式	票号	方向	金额	两清
2011.01.02	2011.01.02	202	1234	贷	3,000.00	O
2011.01.05	2011.01.05	201	2345	贷	10,000.00	Y
2011.01.08	2011.01.08	202	1235	贷	1,800.00	O
2011.01.10	2011.01.10	202		贷	620.00	O

银行对账单　　显示方向

日期	结算方式	票号	方向	金额	两清
2011.01.18	202	1234	贷	3,000.00	O
2011.01.18	1	2345	贷	10,000.00	Y
2011.01.18	202	1235	贷	1,800.00	O
2011.01.18	202		贷	620.00	O
2011.01.18	1		贷	200.00	
2011.01.18	1		贷	-200.00	
2011.01.19	202		借	17,550.00	
2011.01.19	202	1237	贷	38,025.00	

账套：明华科技有限公司【666】　操作员：01　业务日期：2011-03-29　16:53　【用友软件】

图 5-2　手动对账结果

说明：检查对账是否有错，系统会自动显示平衡检查结果，如果有错误，应进行调整。

④ 单击【退出】。

（4）查看银行存款余额调节表

对账完成后，计算机自动整理汇总未达账和已达账，生成银行存款余额调节表。

操作提示：业务——财务会计——总账——出纳——银行对账——余额调节表查询，双击【人民币账户】即可显示。

详细步骤：

① 在【出纳】菜单中，指向【银行对账】，单击【余额调节表】，屏幕显示“银行存款余额调节表”。

② 将光标定在“10201 人民币户”科目行上，单击【查看】或双击该行，即显示该银行账户的银行存款余额调节表。如图 5-3 所示。

说明：此余额调节表为截止到对账截止日期的余额调节表，若无对账截止日期，则为最新余额调节表。

③ 单击【打印】，可打印银行存款余额调节表。

④ 单击【退出】。

（5）查询银行对账两清情况

查询银行对账两清情况即查询对账单或日记账勾对情况。

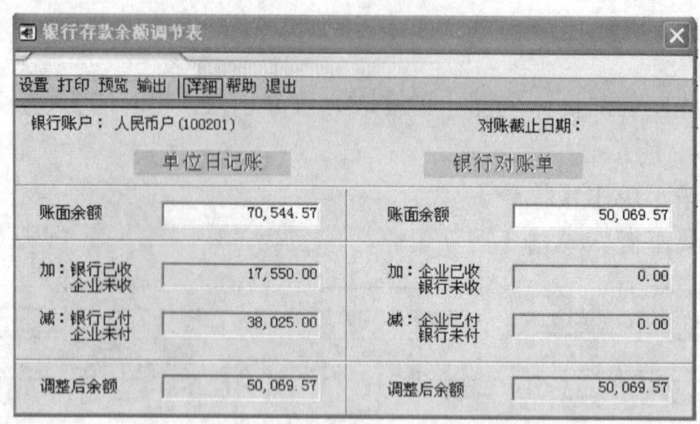

图 5-3　银行存款余额调节表

操作提示：业务——财务会计——总账——出纳——银行对账——查询对账勾对情况。

详细步骤：

① 在【出纳】中，指向【银行对账】，单击【查询对账勾对情况】，显示“银行科目选择”对话框。在选中【科目】：100201 人民币户；选择查询方式：全部显示后，单击【确定】，进入“查询银行勾对情况”窗口。

② 单击【银行对账单】，显示其对账结果，如图 5-4 所示。

设置 打印 预览 输出 | 查询 定位 过滤 | 帮助 退出

银行对账单

科目：人民币户(100201)　　□已对账　□未对账

银行对账单 | 单位日记账

日期	结算方式	票号	借方金额	贷方金额	两清标志
2011.01.18	202	1234		3,000.00	O
2011.01.18	1	2345		10,000.00	Y
2011.01.18	202	1235		1,800.00	O
2011.01.18	202			620.00	O
2011.01.18	1			200.00	
2011.01.18	1			-200.00	
2011.01.19	202		17,550.00		
2011.01.19	202	1237		38,025.00	
合计			17,550.00	53,445.00	

图 5-4　银行对账单对账结果

③ 单击【单位日记账】，显示其对账结果。如图 5-5 所示。

（6）核销银行账

核销用于对账的银行日记账和银行对账单的已达账项，核销后已达账项消失，不能被恢复。核销不影响银行日记账的查询和打印。

警告：在确信银行对账正确前，不要核销已达账项，否则，若对账不正确，将造成以后对账的错误。

设置 打印 预览 输出 | 查询 定位 过滤 | 帮助 退出

单位日记账

科目：人民币户（100201）　　□已对账　□未对账

银行对账单　单位日记账

凭证日期	票据日期	结算方式	票号	借方金额	贷方金额	两清
2011.01.02	2011.01.02	202	1234		3,000.00	O
2011.01.05	2011.01.05	201	2345		10,000.00	Y
2011.01.08	2011.01.08	202	1235		1,800.00	O
2011.01.10	2011.01.10	202			620.00	O
合计				0.00	15,420.00	

图 5-5　单位日记账对账结果

操作提示：业务——财务会计——总账——出纳——银行对账——核销银行账

详细步骤：

① 在【出纳】菜单中，指向【银行对账】，单击【核销银行账】。

② 在【核销银行科目】框中，选择：100201 人民币户。

③ 单击【确定】，屏幕显示提示对话框。

④ 选择【是】。

⑤ 单击【确定】，银行账核销完毕。

第二节　辅助核算与管理

一、部门核算管理

在系统中，如果用户进行了准确的部门核算与管理的设置，系统就可以自动生成部门核算与管理的数据。

具体方法是：部门不再作为明细科目来核算，而是作为辅助核算，首先在会计科目设置时，将需要进行部门核算的科目设置为“部门核算”，然后在部门档案管理处建立起部门的详细信息，以后在进行日常凭证输入时，若遇到要求进行部门核算的业务（科目为“部门核算”类），系统将自动提示用户输入相应的部门；记账时，系统将自动形成部门核算与管理所需的各种数据。这样，不仅为部门费用、收入等的分项核算提供了方便，同时还使按部门统计变得非常方便。

1. 部门设置。

（1）建立部门档案。给各部门编码，在系统初始化时输入。一般包括：部门编码、部门名称、部门负责人、部门属性以及部门联系方式和补充说明等。部门编码是唯一的。

（2）录入部门期初数与计划数。

2. 部门核算。

部门核算主要可为用户提供如下核算功能：

（1）生成并输出部门核算账。包括部门级总账、部门级明细账。

部门总账：系统可根据用户指定的部门核算科目和会计期间，输出该部门核算科目下指定期间内各部门的期初余额、借贷方发生额及期末余额；也可根据用户指定的部门和会计期间，输出该部门指定期间内对应各个核算科目的期初余额、借贷方发生额及期末余额。

部门明细账，系统可根据用户指定的部门核算科目和会计期间，输出该部门核算科目在指定期间内分部门的明细账；也可根据用户指定的部门和会计期间，输出该部门在指定会计期间内对应各个核算科目的明细账；还可以通过指定部门核算科目及部门和会计期间，输出该科目该部门指定期间内的明细账。

（2）核对部门账。通过该功能，系统将检查核对部门核算明细账与部门核算总账是否相符、部门核算总账与总账是否相符等，并输出核对结果。

3. 部门管理。

通过部门核算可以为企业及各部门对各部门业务的管理和控制提供信息。

（1）生成并输出部门收支分析表。

（2）生成并输出部门计划执行报告。

任务 5-4　查询部门总账、明细账。

1. 部门总账查询。

系统提供了三种部门辅助总账查询方式：指定科目查询总账、指定部门查询总账、同时指定科目和部门查询总账。

操作提示：以 02 操作员的身份登录企业门户，业务——财务会计——总账——部门辅助账——部门明细账——部门多栏式明细账。选择科目、部门、月份等。

详细步骤：

① 在【部门辅助账】中，单击【部门总账】、【部门三栏总账】。

② 在【科目】框中，选择：550205 其他费用。

③ 在【部门】框中，选择：企划部。

④ 单击【确定】，显示查询结果。如图 5-6 所示

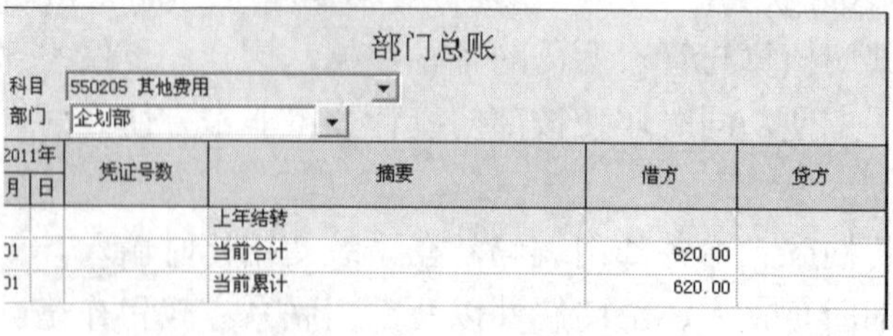

部门总账

科目 550205 其他费用

部门 企划部

2011年 月	日	凭证号数	摘要	借方	贷方
			上年结转		
01			当前合计	620.00	
01			当前累计	620.00	

图 5-6　550205 其他费用的部门三栏总账

⑤ 将光标定在总账的某笔业务上，单击【明细】，可以联查部门明细账。

2. 部门多栏明细账查询输出。

查询科目：管理费用；查询部门：账务部

查询条件中的部门必须输入。账簿输出内容可包含未记账凭证。

操作提示：以 02 操作员的身份登录企业门户，业务——财务会计——总账——账表——账簿打印——辅助账打印——部门多栏账。选择科目、部门、月份等。

详细步骤：

① 在【账簿打印】中，单击【辅助账打印】、【部门多栏账】，屏幕显示部门多栏明细账打印条件对话框。

② 选择科目：5502；部门：财务部；月份范围：2011.01—2011.01；分析方式：金额分析。

③ 单击【确认】，即可查询部门明细账。

④ 将光标定在多栏账的某笔业务上，单击【凭证】，可以联查该笔业务的凭证。

二、个人往来核算管理

用户在完成了个人往来核算与管理所需的设置后，在进行日常业务处理时若遇到个人往来核算业务（科目为"个人往来"类），系统会自动提示用户输入往来个人的代码或姓名及其所在的部门代码或名称；记账时，系统会自动生成个人往来核算与管理的数据。

具体做法如下：

（1）在总账系统会计科目设置时，将应收或应付等科目的性质定义为"往来"，其下不再设明细科目。

（2）建立客户资料，并在系统初始化时录入。

（3）输入往来期初余额。

（4）当应收、应付的往来业务发生时，通过凭证输入功能，把有关往来科目与该笔业务发生的客户联系起来，然后通过执行"记账"功能，把该笔业务废往来总分类账的同时记入相关的往来明细账。

（5）在总账子系统的辅助核算账簿中查询、输出往来明细账。

（6）利用总账子系统的往来核销功能进行应收、应付核销处理，利用账龄分析功能进行应收账款账龄分析。

练　习　题

一、单选题

1. 银行对账是企业（　　）最基本的工作之一。

   A. 出纳　　B. 会计　　C. 财务经理　　D. 总会计师

2. 辅助核算要设置在（　　）。

   A. 一级　　B. 二级　　C. 总账　　D. 末级

3. 银行对账条件中的（　　）是必选条件，其他为可选。

A. 结算方式相同　　B. 结算票号相同

C. 日期相差天数　　D. 方向、金额相同

4.“管理费用”科目通常设置（　　）辅助核算。

A. 部门　　B. 个人往来　　C. 客户往来　　D. 供应商往来

5.“应收账款”科目通过设置（　　）辅助核算。

A. 部门　　B. 个人往来　　C. 客户往来　　D. 供应商往来

6. 从手工银行对账转变为计算机银行对账，较合适的时机是在（　　）。

A. 月初　　B. 月中　　C. 月末　　D. 任意

7. 日常处理银行对账的第一步工作通常是输入（　　）。

A. 银行日记账　　B. 银行对账单　　C. 余额调节表　　D. 已达账项

8. 一般账务处理系统在自动银行对账时的对账方式包括（　　）。

A. 金额　　B. 金额与方向　　C. 方向　　D. 都不是

9. 关于出纳签字，下列说法中错误的是（　　）

A. 由出纳对所有凭证进行签字　　B. 签字后凭证不能修改

C. 签字后凭证不能删除　　D. 指定科目后才能执行签字

10. 总账系统中出纳签字不可以由（　　）来执行

A. 制单人　　B. 审核人　　C. 系统管理员　　D. 账套主管

二、多选题

1. 出纳管理主要功能包括（　　）。

A. 查询和打印现金日记账、银行存款日记账

B. 登记和管理支票登记簿

C. 录入银行对账单，进行银行对账

D. 设置会计科目

2. 银行对账工作包括（　　）。

A. 录入银行对账期初数据　　B. 录入银行对账单

C. 银行对账　　D. 编制余额调节表

3. 在总账系统中，下列哪些属于辅助核算（　　）

A. 个人往来　　B. 客户往来、供应商往来

C. 部门往来　　D. 银行账

三、判断题

1. 第一次使用银行对账功能前，系统要求录入日记账及对账单未达账项，在开始使用银行对账之后不再录入。（　　）

2. 任何一个会计科目都可以输出日记账。（　　）

3. 银行对账就是将系统登记的银行存款日记账与银行对账单（来自开户行）进行核对。（　）

4. 在录入完单位日记账、银行对账单期初未达账项后，不要随意调整启用日期。（　）

5. 银行对账时，对于已达账项，系统自动在银行存款日记账和银行对账单双方的“两清”栏上打上圆圈标志。（　）

6. 银行对账采用自动对账与手工对账相结合的方式。（　）

7. 出纳对收付凭证签字确认时，对审查出错误或有异议的收付凭证应交给审核凭证的人员修改后再核对。（　）

8. 在总账系统中，凭证的审核人与出纳可以是同一个人。（　）

9. 指定会计科目是指定会计出纳的专管科目。（　）

10. 实行会计电算化后，必须进行的对账工作是账账核对。（　）

四、思考题

1. 作为出纳，在总账子系统中的具体工作有哪些？

2. 银行对账的过程是怎样的？

3. 部门核算的具体方法是什么？个人往来核算的具体方法是什么？

第六章　总账子系统期末业务处理

【知识目标】

1. 了解期末的摊、提、结转业务处理的内容及方法；
2. 掌握自动转账凭证的定义与生成的方法；
3. 理解并掌握对账与试算平衡的过程与方法；
4. 理解并掌握结账的方法。

【技能目标】

1. 理解总账子系统期末业务处理需要注意的问题；
2. 学会总账子系统的期末处理操作，包括自动转账、对账、结账等。

第一节　期末的摊、提、结转业务处理

一、处理方法

期末业务处理的主要工作是期末的摊、提、结转业务的处理及对账、结账等工作。主要是由计算机根据用户的设置自动进行的。期末的摊、提、结转业务处理具有很强的规律性，一般通用账务处理子系统都通过调用事先设置好的转账凭证模板（也叫自动转账凭证），由计算机自动生成转账凭证来完成。

二、处理时注意事项

使用转账凭证生成功能时需要注意以下几个问题：

1. 转账凭证模板必须事先进行设置。

2. 转账凭证中各科目的数据都是从账簿中提取、经处理后生成的，为了保证数据的完整、正确，在调用转账凭证模板生成转账凭证前必须将本月发生的各种具体业务登记入账。

3. 期末的摊、提、结转业务具有严格的处理顺序，结转顺序如果发生错误，即使所有的转账凭证模板设置都正确，转账凭证中的数据也可能是错误的。为了避免结转顺序发生错误，转账凭证模板提供了转账序号，进行期末的摊、提、结转业务处理时，通过指定转账顺序号就可以分期分批完成转账和记账工作。

4. 对于结转生成的记账凭证，系统将存放在未记账凭证库，这些凭证还需要进行审核和记账操作才能记入账簿。对这些凭证的审核主要是审核结转是否正确。对

于错误的结转凭证，系统一般不提供修改功能，修改这些凭证的错误只能通过修改设置来进行。

5. 期末结转工作是一项比较复杂而重要的工作，应由指定的专人进行。

第二节　自动转账

期末转账业务是所有单位在月底结账之前都要进行的固定业务。在传统手工会计中，转账业务处理是期末由会计人员根据某些账户的余额或本期发生额填制转账凭证、登记有关账簿实现的。在会计信息系统中，转账按照结转数据来源分为外部转账和内部转账两类，外部转账是指将其他业务系统生成的凭证转入总账系统中，内部转账是指在总账系统内部把某个或某几个会计科目中的余额或本期发生额结转到一个或多个会计科目中。

一、自动转账的业务种类

需要进行自动转账的业务主要包括：

（1）“费用分配”的结转，如工资分配等。

（2）“费用分摊”的结转，如固定资产折旧、无形资产的分摊等。

（3）“税金计算”的结转，如所得税等。

（4）“提取各项费用”的结转，如提取福利费等。

（5）“成本费用”，如生产成本在产成品和在产品之间的分配。

（6）“期间损益”，如收入、费用转利润等。

（7）“汇兑损益”，如主要是不同币种下损益的结转等。

二、自动转账的方法

不论是哪一种转账业务，都要通过定义转账凭证，然后由系统自动完成期末转账处理。因此，在会计信息系统中期末转账处理包括自动转账凭证定义和转账凭证生成两项内容。

1. 自动转账凭证定义。

自动转账凭证定义就是将每月都要处理的凭证的摘要、借贷方科目、金额的来源或计算方法以记录的形式预先存入计算机，并用不同的“转账序号”标记命名。主要包括：自定义转账、对应结转、销售成本结转、汇兑损益结构、期间损益结转。

2. 转账凭证生成。

转账凭证生成就是每月使用时，计算机根据转账序号自动调入该“自动转账凭证”，并根据预先定义的金额来源或计算方法自动填制相应的金额生成凭证，并存入总账系统凭证文件中的过程。这样生成的凭证也叫机制凭证。

这种预先定义分录结构，再由计算机自动编制凭证的过程称为“自动转账”。

前边业务种类中的（1）（2）（4）（5）属于外部转账，而（3）（6）（7）属于内部转账。企业不同，业务不完全相同，即自定义凭证时不同，但业务处理方法是相同的。

三、自动转账业务处理

定义计提短期借款利息业务的自动转账分录格式。

任务 6-1　转账凭证定义

操作提示：以 02 操作员的身份登录企业门户，业务——财务会计——总账——期末——转账定义——自定义转账

详细步骤：

① 在【期末】框中，指向【转账定义】，单击【自定义结转】，进入“自动转账设置”窗口，单击【增加】，可定义一张转账凭证。

② 输入转账序号：0001。

说明：转账序号是该张转账凭证的代号，不是凭证号，转账凭证的凭证号在每月转账时自动产生。一张转账凭证对应一个转账序号，转账序号可任意定义，但只能输入数字 1～9，字母 a～z，A～Z，不能重号。

③ 输入转账说明：计提短期借款利息。

④ 在【凭证类别】框中，选择：转账凭证。

⑤ 单击【确定】，返回，继续定义转账凭证分录信息。

⑥ 确定分录的借信息。选择：550301；在【方向】框中，选择：借。输入金额公式：“JG（）”。

说明：转账科目可以为非末级科目；部门可为空，表示所有部门。若输入的是非末级科目，可先按非末级科目定义转账分录，然后再选择需结转的明细科目，系统会自动复制明细科目转账分录。如果使用应收、应付系统，则在总账系统中，不能按客户、供应商辅助项进行结转，只能按科目总数进行结转。

⑦ 单击【增行】按钮。确定分录的贷方信息。选择科目编码“218101”，方向“贷”，输入金额公式“QM（2101,月）*0.165%”

⑧ 单击【保存】按钮。

任务 6-2　转账凭证生成

转账凭证定义完后，每月月末只需执行转账凭证生成功能即可快速生成转账凭证，在此生成的转账凭证将自动追加到未记账凭证中去。

操作提示：以 02 操作员的身份登录企业门户，业务——财务会计——总账——期末——转账生成

详细步骤：

① 在【期末】框中，单击【转账生成】，进入“转账生成”窗口。

② 单击【自定义转账】按钮。

③ 单击【全选】按钮。

④ 单击【确定】按钮，生成转账凭证。

⑤ 单击【保存】按钮，系统自动将当前凭证追加到未记账凭证中去。

说明： 进行转账生成之前，应先将相关经济业务的记账凭证登记入账。

转账凭证每月只生成一次。生成的转账凭证，仍需审核、记账。

第三节　对账与试算平衡

一、对账

对账是对账簿数据进行核对，以检查记账是否正确以及账簿是否平衡。它主要通过核对总账与明细账以及总账与辅助账的数据来完成。

一般说来，实行计算机记账后，只要记账凭证录入正确，计算机自动记账后各种账簿都应是正确、平衡的，但由于非法操作或计算机病毒或其他原因有时可能会造成某些数据被破坏，因而引起账账不符，为了保证账证相符、账账相符，应经常使用本功能进行对账，至少一个月一次，一般可在月末结账前进行。

在对账功能，有一个隐含的功能为“恢复记账前状态”，当记完账后，发现记账有误，而又不想通过其他方式来修正时，可以在此按“Ctrl+H”热键，激活恢复记账前功能，再到“凭证”菜单中调用此功能。

二、试算平衡

试算平衡就是将系统中设置的所有科目的期末余额按会计平衡公式“借方余额=贷方余额”进行平衡检验，并输出科目余额表及是否平衡信息。

三、对账处理程序

1. 在每个月底结账前，执行试算平衡功能，进行正确性检验。
2. 打开对账窗口，选择会计期间（月份），选择核对内容。
3. 执行对账功能。

任务 6-3　对账

对 2011 年 1 月进行对账处理

操作提示： 以 02 操作员的身份登录企业门户，业务——财务会计——总账——期末——对账

详细步骤：

① 在【期末】框中，单击【对账】。

说明： “账簿选项”中的“往来控制方式”，若为“客户往来业务由应收系统核算”，则不能对往来客户账、供应商往来账进行对账。

② 将光标定在要进行对账月份，如：2011.01，单击【选择】。

③ 单击【对账】，开始自动对账，并显示对账结果。

④ 单击【试算】，可以对各科目类别余额进行试算平衡。

⑤ 单击【确认】，返回。

⑥ 单击【退出】，完成对账工作。

第四节　结　　账

一、结账

每月月底都需要进行结账处理，结账实际上就是计算和结转各账簿的本期发生额和期末余额，并终止本期的财务处理工作。

在传统手工会计中，结账是在一定会计期间内所发生的经济业务全部登记入账的基础上，计算和结转各个会计科目的本期发生额和期末余额，同时结束本期的账簿记录工作。计算机结账工作主要是计算机控制系统改变某些状态，确定本月的数据处理完毕，不再增加新的凭证，计算机结账是一种成批数据处理，每月只结账一次，主要是对当月日常处理的限制和对下月账簿的初始化，由计算机自动完成。

在结账之前作下列检查：

（1）检查本月业务是否全部记账，有未记账的凭证不能结账。

（2）月末结账凭证必须全部生成并记账，否则本月不能结账。

（3）检查上月是否已结账，上月未结账，则本月不能结账。

（4）核对总账与明细账、主体账与辅助账、总账系统与其他子系统数据是否已一致，如果不一致，总分类账不能结账。

（5）损益类账户是否全部结转完毕，如果未全部结转完毕，则本月不能结账。

（6）如果与其他联合使用，其他子系统如果未全部结账，则本月不能结账。

结账前，还要进行数据备份。

结账后，不能再输入该月的凭证，终止本月各账户的记账工作，计算本月各账户发生额合计和本月各账户期末余额并将金额结转下月月初。

二、结账处理程序

结账工作应由具有结账权的人进行。

1. 保护结账前状态。

2. 检查结账条件。

3. 自动结算。

4. 做结账标志。

（操作，只执行结账功能即可，全部工作由计算机自动执行。）

三、结账时注意事项

（1）如果有未记账的凭证不能结账

（2）结账前应先进行对账工作。

（3）已经结账的月份不能再填制凭证。

（4）如果其他子模块没有进行结账，则总账模块不能进行结账。

任务 6-4　结账

对 2011 年 1 月进行结账处理

操作提示：以 02 操作员的身份登录企业门户，业务——财务会计——总账——期末——结账

详细步骤：

① 在【期末】框中，单击【结账】，进入“结账”向导一——结账月份。

② 选择要结账月份，如：2011.01。

③ 单击【下一步】，显示结账向导三——核对账簿。

④ 单击【对账】，系统对要结账的月份进行账账核对。

⑤ 单击【下一步】，显示结账向导三——月度工作报告。

⑥ 若需打印，单击【打印月度工作报告】即可打印。

⑦ 查看工作报告后，单击【下一步】，屏幕显示结账向导四——完成结账。

提示：进入结账向导四——完成结账时，如果提示“未通过检查不能结账”时，可单击【上一步】，查看月底工作报告，仔细查找原因。

⑧ 单击【结账】，若符合结账要求，系统将进行结账，否则不予结账。

任务 6-5　练习取消结账

当在结完账后，由于非法操作或计算机病毒或其他原因可能会造成数据被破坏，这时可以在此使用【取消结账】功能键。取消结账功能键为：Ctrl+Shift+F6。

对 1 月进行取消结账，并重新结账。

操作提示：业务——财务会计——总账——期末——结账，选择最后一个结账月份，按 CTRL+SHIFT+F6

详细步骤：

① 在【期末】框中，单击【结账】，进入“结账”向导——结账月份。

② 选择要取消结账月份：2011.01。按 Ctrl+Shift+F6 键激活【取消结账】功能。

③ 输入主管口令：1。

④ 单击【确认】，即可取消结账。

练 习 题

一、单选题

1. 只能对（　　）凭证进行记账。
   A. 已保存　B. 没错误　C. 已修改　D. 已审核
2. （　　）情况下，可以结账
   A. 上月有未记账凭证　B. 没有未记账凭证
   C. 本月有未记账凭证　D. 没有未审核凭证
3. 结账操作每月进行（　　）
   A. 一次　B. 二次　C. 三次　D. 不确定
4. 总账子系统中，结账前操作员应进行（　　）。
   A. 整理账簿　B. 计算余额　C. 数据备份　D. 打印凭证
5. 总账子系统中，执行了（　　）功能后，不能再输入本期凭证。
   A. 登账　B. 审核　C. 结账　D. 查询
6. 使用总账系统输入凭证时，可以输入（　　）的凭证
   A. 任何月份和日期　B. 已结账月份
   C. 超过系统日期　D. 未结账月份
7. 总账中要恢复记账状态，首先需要进行如下操作（　　）
   A. 在主界面下按 CTRL+ALT+C 键
   B. 在主界面下按 CTRL+H 键
   C. 进入对账功能，按 CTRL+H 键
   D. 进入对账功能，按 CTRL+ALT+C 键
8. 总账子系统中要取消结账，需要进行如下操作（　　）
   A. 在主界面按 Ctrl+Shift+F6 键激活【取消结账】功能
   B. 在主界面下按 CTRL+H 键激活【取消结账】功能
   C. 进入结账功能，按 Ctrl+H 键激活【取消结账】功能
   D. 进入结账功能，按 Ctrl+Shift+F6 键激活【取消结账】功能
9. 在总账系统中，记账后的凭证（　　）进行不留痕迹的更正
   A. 可以　B. 不可以
   C. 只有账套主管可以　D. 只有制单人可以
10. 在总账系统中，对记账次数的要求是（　　）
    A. 每月只能记一次账
    B. 每天只能记一次账
    C. 每月最多记三次账
    D. 记账次数不受限制，但至少要记一次账

11. 在总账系统中，对结账的叙述，错误的是（　　）

A. 结账前，本月凭证必须登记入账　B. 结账后，不能再输入该月凭证

C. 结账必须按月连续进行　　　　　D. 每月可以多次结账

12. 修改已结账月份的凭证无需执行哪个操作：（　　）

A. 取消记账　　B. 取消审核　　C. 取消自动转账　D. 取消结账

13. 在总账系统中，若期末转账业务要从会计账簿中提数据，在转账前，必须先将全部相关的凭证（　　）

A. 输入计算机　　B. 登记入账　　C. 进行结账　　D. 试算平衡

二、多选题

1. 结账前要进行的检查包括（　　）。

A. 检查本月业务是否全部记账，有未记账凭证不能结账

B. 月末结转必须全部生成并已记账，否则本月不能结账

C. 检查上月是否已结账，如果上月未结账，则本月不能结账

D. 核对总账与明细账、主体账与辅助账、总账系统与其他子系统的数据是否已经一致，如果不一致，则不能结账。

2. 下列关于凭证审核与记账操作说法正确的是（　　）

A. 凭证审核需要重新注册更换操作员，由具有审核权限的操作员来进行

B. 凭证可以成批审核，也可逐张审核

C. 记账操作每月可进行多次

D. 上月未记账，本月同样可以记账

三、判断题

1. 在会计信息系统中期末转账处理包括自动转账凭证定义和转账凭证生成两项内容。（　　）

2. 这种预先定义分录结构，再由计算机自动编制凭证的过程称为“自动转账”。（　　）

3. 对账是对账簿数据进行核对，以检查记账是否正确以及账簿是否平衡。（　　）

4. 对账工作至少一个月一次，一般可在月末结账前进行。（　　）

5. 结账前，操作员应检查有关费用是否已提取、分摊。（　　）

6. 账务处理系统中可完全代替会计人员完成银行对账的工作。（　　）

四、思考题

1. 总账子系统的期末业务处理工作都有哪些？

2. 总账子系统结账之前需要进行哪些检查？结账处理包含哪几个步骤？

第七章　通用会计报表系统

【知识目标】

1. 了解制作报表的工作流程；
2. 理解报表的格式和功能；
3. 理解并掌握报表格式设置及公式设置；
4. 理解编制报表的方法。

【技能目标】

1. 会编制简单的会计报表；
2. 会利用模板生成报表并进行修改。

第一节　通用会计报表系统概述

一、报表格式

报表格式指报表的框架结构、样式。一般由标题、表头、表体、表尾四部分构成。

表头：用来描述编制单位名称、编制日期、计量单位等内容，其中编制日期随时间改变，其他内容则每期固定不变。

表体：是一张报表的核心，是报表中能够填写数据的主体部分，由报表栏目名称（定义列）、报表项目名称（定义行）和报表数据单元（表元）组成。

表尾：是表体以下进行辅助说明的部分，还包括编制人、审核人等内容。

这四要素确定以后，报表的结构就定了，以后只要稍加改动就可以重复使用。

二、报表系统的功能

报表系统的主要功能有：

报表格式设置、报表公式设置、报表名称登记、报表编制、报表输出等。

三、制作一个报表的流程

第一步，启动 UFO，建立报表；

第二步，设计报表的格式；

第三步，定义各类公式；

第四步，报表数据处理；

第五步，报表图形处理；

第六步，打印报表；

第七步，退出 UFO。

在以上步骤中，第一、二、四、七步是必需的，因为要完成一般的报表处理，一定要有启动系统建立报表、设计格式、数据处理、退出系统这些基本过程。实际应用时，具体的操作步骤应视情况而定。

第二节　报表系统设置

一、报表文件名称登记

报表的格式及公式等设置好之后，需要以文件的形式存储在磁盘上，以便在需要时随时调入，因此需要用户给报表文件命名并保存，以作为报表文件的标识，在用友 ERP-U8 系统中默认的报表文件名的后缀为“rep”，即文件名的扩展名为“.rep”。需要注意：不同的报表，报表名不能相同。

二、报表格式设置

1. 格式状态和数据状态

UFO 将报表处理过程分为两个阶段，即报表格式及公式定义工作与报表数据处理工作。报表格式及公式定义工作和报表数据处理工作是在不同的状态下进行。实现状态切换的是一个特别重要的按钮——格式/数据按钮，点取这个按钮可以在格式状态和数据状态之间切换。

（1）格式状态

在格式状态下设计报表的表样，如表尺寸、行高列宽、单元属性、单元风格、组合单元、关键字可变区等。报表的公式如单元公式、审核公式、舍位平衡公式也在格式状态下定义。

在格式状态下所做的操作对本报表所有的表页都发生作用。该状态不能进行数据的录入，计算等操作。

（2）数据状态

在数据状态下管理报表的数据，如输入数据、增加或删除表页、审核、舍位平衡、图形操作、汇总与合并报表等。

数据状态下所做的操作对本表页有效，该状态下不能修改报表的格式。

2. 在格式状态下设置报表格式

报表格式包括：“报表尺寸定义”确定报表的行数和列数。“单元属性”主要指的是单元内容的性质。“单元风格”指单元内容的字体、号、型、对齐、颜色等。

下面将以下列货币资金表为例来说明如何定义报表格式、计算公式和编制报表。见表7-1。

表7-1 货币资金表

编制单位： 年 月 日 单位：元

项 目	行 次	期初数	期末数
现 金	1		
银行存款	2		
合 计	3		

任务7-1 自定义一张货币资金表

操作提示：业务——财务会计——UFO报表，打开UFO报表管理系统

（1）启动UFO建立新表

在使用UFO报表系统处理会计报表之前，应首先启动UFO系统，并建立一张空白的报表，然后在这张空白报表的基础之上设计报表的格式。

详细步骤：

①【开始】按钮。

② 依次指向程序——用友U8管理软件——财务系统——UFO表，单击UFO表，即可打开UFO报表管理系统。

③ 在【文件】菜单中单击【新建】，将建立一张空白报表。

说明：为快速启动UFO，可以创建UFO报表桌面快捷图标，在桌面双击快捷图标即可。建立新表后，将得到一张系统默认格式的空表，报表名默认为REPORT1.REP。空白报表建立起来以后，里面没有任何内容，所有单元的类型均默认为数值单元。新报表建立起来以后，默认的状态栏为格式状态。

（2）设置报表表样

首先，设置报表尺寸。

设置报表尺寸指设置报表的行数和列数，设置前可事先根据所要定义的报表大小计算该表所需的行、列，然后再定义。

详细步骤：

① 在【格式】菜单中单元击【表尺寸】，系统弹出【表尺寸】对话框。

② 在【表尺寸】对话框里输入行数：7，列数：4。

③ 单击【确认】按钮。系统将会自动生成一张行数为7行，列数为4列的空白报表。

提示：报表的尺寸设置完之后，还可以通过【格式】下的【插入】或【删除】菜单增加或减少行或列来调整报表大小。

其次，定义报表的行高。

如果报表中的某些单元的行或列要求比较特殊，则需要调整该行的行高或列的

列宽。例如为了突出标题，需要将标题的行高加高，以满足标题字体的需要。

详细步骤：

① 选定需要调整的单元所在行。

② 在【格式】菜单中单击【行高】，系统弹出的【行高】对话框。

③ 在对话框里输入需要的行高：7。

说明：行高、列宽的单位为毫米。

④ 单击【确定】按钮。

提示：行高和列宽的定义，可以通过菜单操作，也可以直接利用鼠标拖动某行或某列来调整行高和列宽。利用鼠标操作时，可以将鼠标停留在需要调整行的下面或列的右边的表格线上，当鼠标图形变成上下或左右形时再按住鼠标左键拖动鼠标到满意的位置。

第三，划表格线。

报表的尺寸设置完之后，在数据状态下，该报表是没有任何表格线的，所以为了满足查询和打印的需要，还需要划上表格线。

详细步骤：

① 选中报表需要划线的区域 A3∶D6。

② 在【格式】菜单中单击【区域划线】。系统弹出区域划线对话框。

③ 确定划线类型和样式，选择“网线”。

④ 单击【确定】按钮。

提示：划好的表格线在格式状态下变化并不明显。本步骤操作完以后可以在数据状态下查看效果。

第四，定义组合单元

有些内容如标题、编制单位、日期及货币单位等信息可能一个单元容纳不下，所以为了实现这些内容的输入和显示，需要定义组合单元。例如本例，需要将标题行和编制单位及日期所在行分别定义为组合单元。首先，我们将标题行定义为组合单元。

详细步骤：

① 选择需合并的区域 A1∶D1。

② 在【格式】菜单中单击【组合单元】，系统弹出“组合单元”对话框。

③ 选择组合方式“整体组合”或“按行组合”，该单元即合并成一个整体。

说明：组合单元实际上就是一个大的单元，所有针对单元的操作对组合单元均有效。组合单元可以用该区域名或者区域中的任一单元名来加以表示。

第五，输入表间项目。

表间项目指报表的文字内容，主要包括表头内容、表体项目、表尾项目等。

详细步骤：

① 选中需要输入内容的单元或组合单元。

② 在该单元或组合单元中输入相关文字内容，如货币资金表等。

说明：注意在输入报表项目时，编制单位、日期一般不需要输入，UFO系统将其单独设置为关键字。项目输入完之后，默认的格式均为普通宋体12号，居左。单元风格如字体，字号等在下一步设置。一个表样单元最多能输入63个字符或31个汉了，允许折行显示。

第六，设置单元风格。

单元风格主要指的是单元内容的字体、字号、字形、对齐方式、颜色图案等设置。设置单元风格会使您的报表更符合阅读习惯，更加美观清晰。

例如：将标题字号设置为14号，货币单元字号设置为10号，制表人字体设置为楷体、字形设置为斜体、字号设置为10号。

详细步骤：

① 选中标题所在组合单元。

② 在【格式】菜单中单击【单元风格】，系统弹出【单元风格】对话框。

③ 确认字体为14，对齐方式为居中。

④ 单击【确认】按钮。

说明：设置完之后可以在预览窗口里查看效果。

第七，定义单元属性。

单元属性主要指单元类型、数字格式、边框样式等内容的设置。如前面介绍，单元类型有三种：字符单元、数值单元、表样单元；数字格式指数值单元的显示格式；边框样式指该单元的边框线条。

详细步骤：

① 选定该单元。

② 在【格式】菜单中单击【单元属性】，系统弹出【单元属性】对话框。

③ 在单元类型栏选择字符选项。

④ 单击【确认】按钮。

说明：报表新建时，所有单元的单元属性均默认为数值型；格式状态下输入的内容均默认为表样单元。字符单元和数值单元输入后只对表页有效，表样单元输入以后对所有的表页有效。

3. 关键字

关键字主要有六种：单位名称、单位编号、年、季、月、日，另外还包括一个自定义关键字。可以根据自己需要设置相应的关键字。

（1）设置关键字

本例我们将编制单位、年、月、日设置为关键字。

详细步骤：

① 选中需要输入关键字的单元。

② 在【数据】菜单中指向【关键字】，然后单击【设置】，系统弹出【设置关键

词】对话框。

③ 选择编制单位。

④ 单击【确定】按钮。

说明：关键字如年、月等会随同报表数据一起显示的，所以在定义关键字的时候要注意既要考虑编制报表的需要，又要考虑打印的需要。关键字在格式状态下定义，关键字的值则在数据状态下录入。如果要取消关键字，只需在【数据】菜单中指向【关键字】，然后单击【取消】即可。

（2）调整关键字位置

关键字位置是指关键字在某单元或组单元中的起始位置。同一个单元或组合单元的关键字定义完以后，可能会重叠在一起，如果这样还需要对关键字的位置进行调整。

详细步骤：

① 在【数据】菜单中指向【关键字】，然后单击【偏移】。

② 在需要调整的关键字后面输入偏移量，在年、月、日后面分别输入-150、-125、-100。

③ 单击【确定】按钮。

说明：关键字的位置可以用偏移量来表示，负数值表示向左移，正数值表示向右移。在调整时，可以通过输入正或负的数值来调整。关键字偏移量表示像素数。关键字在本表中只能定义一次，即同表中不能有重复的关键字。

三、报表公式设置

报表系统中的公式分为单元公式、审核公式和舍位平衡公式。

报表公式设置包括表计算公式设置和表审核公式设置两个基本功能。表计算公式用来定义一张报表中各个单元格中数据生成的方法，报表审核公式是定义报表数据之间的勾稽关系。

报表公式设置是实现计算机处理报表数据的关键步骤。

针对上述货币资金表，设置下列公式：

现金期初数：C4＝QC（"1001"，月）

现金期末数：D4＝QM（"1001"，月）

银行存款期初数：C5＝QC（"1002"，月）

银行存款期末数：D5＝QM（"1002"，月）

期初数合计：C6＝C4+C5

期末数合计：D6＝D4+D5

详细步骤：

① 选定需要定义公式的单元：C4 单元，即“现金”的期初数。

② 在【数据】中指向【编辑公式】，然后单击【单元公式】，系统弹出定义公式

对话框。

③ 输入公式，在定义公式对话框内直接输入总账期末函数公式：QC（“1001”月,,，2011,）。

说明：单元公式在输入时，凡是涉及数学符号的均须输入英文半角字符。在操作步骤②中，双击某公式单元或选中该单元后单击工具栏的 fX 按钮或按钮盘的“=”键，同样可以弹出“定义公式”对话框。

④ 单击【确认】按钮。

同样方式可以输入其他单元格的公式。

四、保存报表格式

报表格式设置完以后，切记要及时将这张报表格式保存下来，以便以后随时调用。

详细步骤：

① 在【文件】菜单中单击【保存】。如果第一次保存，则系统弹出“另存为”编辑框。

② 在文件编辑栏里输入该报表文件名：货币资金表。

③ 保存类型选择系统默认的文件格式*.rep 即报表文件。

④ 单击【保存】按钮。

说明：如果没有保存就退出，系统会出现提示“是否保存报表？”，以防止误操作。“.rep”为用友报表文件专用扩展名。

第三节　报表编制与输出

一、编制报表

生成报表数据时可以由单元公式经过表页计算或整表计算生成，也可以在关键字录入时自动计算生成。

1. 录入关键字

关键字是表页定位的特定标识，设置完关键字以后只有对其实际赋值才能真正成为表页的鉴别标志，为表页间、表表间的取数提供依据。

详细步骤：

① 在【数据】菜单中指向【关键字】，然后单击【录入】，弹出【录入关键字】对话框。

② 输入单位名称：明华科技。

③ 输入年：2011。

④ 输入月：01。

⑤ 输入日：31。

⑥ 单击【确认】按钮。

⑦ 系统出现提示“是否重算第 1 页？”，单击【是】，系统会自动根据公式计算 1 月份数据。

说明：每一张表页均对应不同的关键字，输出时随同单元一起显示。日期关键字可以确认报表数据取数的时间范围，即确定数据生成的具体日期。第六步单元确认按钮后会出现提示“是否重算第 1 页？”如果回答“否”，则不计算本表页的数据，以后可以通过【表页重算】或【整表重算】功能重新计算。

2. 编制报表

① 在【数据】菜单中单击【表页重算】，弹出“是否重算第 1 页？”提示框。

② 单击【是】。系统自动在初始的账套和会计年度范围内根据单元公式计算生成数据。

说明：本例中，我们利用表页重算来产生 1 月的报表数据。假如 1 月的关键字已经录入。只有在格式状态下变动单元公式，进入数据状态时会提示是否全表重算。

二、报表打印输出

打印报表是报表管理的重要内容，打印输出的要求也不一样。如资产负债表一般要求每月打印一次。打印输出一般包括页面设置、打印设置、打印预览和打印几个步骤。

1. 页面设置。利用“页面设置”可以设置报表的页边距、缩放比例、页首和页尾。

详细步骤：

① 在【文件】菜单中单击【页面设置】，系统弹出【页面设置】对话框。

② 在【页面设置】对话框里输入相关数据。

③ 点击【确认】按钮。

说明：设置的页首和页尾在分开打印的第一张纸上都打印一遍。一般可以将表头设置为页首，将表尾设置为页尾。

页边距：上、下边距范围：4~106 毫米，缺省为 11 毫米；左、右边距范围：4~88 毫米，缺省为 9 毫米。

缩放比例：缩放倍数在 0.3 倍到 3 倍之间。页首和页尾一类型：选择“行”则以行为页首和页尾，选择“列”则以列为页首和页尾。

页首和页尾一行（列）范围：单击复选按钮，相应的编辑变亮，在其中输入页首范围和页尾范围。如果类型为行，则在编辑中输入起始行和终止行的数字。如果类型为列，则在编辑中输入起始列和终止列的字母。

2. 打印设置。打印设置一般可以设置打印机类型、纸张大小、纸张来源、打印方向等信息。

详细步骤：

① 在【文件】菜单中单击【打印设置】。系统弹出【打印设置】对话框。

② 选择打印机类型、纸张大小、打印方向。

③ 单击【确认】按钮。

3. 打印预览。打印报表之前可以对报表进行屏幕预览，以便及时调整输出报表的外观设置。

详细步骤：

① 单击需要打印的表页页标，使之成为当前表页。

② 在【文件】菜单中单击【打印预览】，进入预览窗口。

③ 在预览窗口可以点击鼠标左键放大或缩小文件。

说明：在打印和打印预览时，既可以在格式状态下也可以在数据状态下进行。格式状态下打印输出的只是空表格，而数据状态下打印输出的内容包括格式和数据。文件菜单中的【打印预览】和【打印】可以打印报表区域内的图表对象，但是无法打印依附于报表数据的图表。图表的打印在图表窗口打印。在预览窗口也可以直接进行打印。

4. 打印报表

详细步骤：

① 在数据状态下，选择需要打印的表页，使之成为当前表页。

② 在【文件】菜单中单击【打印】菜单，系统弹出【打印】对话框。

③ 在【打印】对话框里输入打印机、打印范围、打印份数等信息。

④ 单击【确认】按钮，即可按需要进行打印。

说明：设置打印份数可以一次输出若干份相同的报表。

三、报表模板

前面介绍的是自定义报表，自定义报表可以设计出个性化的报表，但对于一些会计实务上常用的、格式基本固定的财务报表，如果逐一自定义无疑费时、费力。针对这种情况，用友 UFO 电子报表系统提供的标准报表格式，并在标准格式基础上根据自己单位的具体情况，加以局部的修改，免去从头至尾建立报表、定义格式公式的烦琐工作。

利用报表模板可以迅速建立一张符合您需要的财务报表。另外，对于一些本企业常用但报表模板没有提供标准格式的报表，在定义完这些报表以后可以将其定制为报表模板，以后使用时可以直接调用这个模板。

任务 7-2 利用模板创建企业资产负债表

1. 调用报表模板

建立一张企业的资产负债表，可以直接调用 UFO 系统内置的资产负债模板。在报表模板里，已经按标准的财务报表设置了格式、单元属性、公式等。

操作提示：在UFO报表管理系统中，文件——新建，格式——报表模板

详细步骤：

① 在【格式】菜单中单击【报表模板】，系统弹出【报表模板】对话框。

② 在下拉列表中选择您单位所在的行业：股份制。

③ 选择准确建立的财务报表名称：资产负债表。

④ 单击【确认】按钮，系统出现提示对话框。

⑤ 单击【确定】按钮，当前格式被自动覆盖。

说明：该步主要是利用系统内置的报表模板建立一张标准格式的报表。当前打开的报表套用报表模板以后，原有的内容包括格式和数据都会丢失。

2. 调整标准报表模板

标准报表和各个单位的具体要求可能有所不同，如果您的单位所需的报表格式或公式与标准格式、公式存在差异，还可以对模板的格式和公式加以修改。由于报表模板内置的资产负债表的单元公式所用的会计科目与本企业有所不同，所以，要对单元公式进行修改。

详细步骤：

① 调整报表格式。

② 修改报表公式

说明：先将报表的状态改成格式状态。然后选择要输入公式的单元格（注意，不能双击，单击一下选择即可），按“=”，按要求输入公式即可。

③ 调整后生成的报表格式及生成的数据。

说明：由于资产负债表的格式基本固定，对该表的调整主要在于单元的公式。调整报表模板的基本操作步骤可以参见前面的内容，比如调整报表尺寸、修改公式等。

3. 自定义模板

报表模板修改完之后，可以将修改后的报表格式重新定制为一个新的模板，以便在以后使用时可以直接在报表模板选项中调用。

详细步骤：

① 在【格式】菜单中单击选中【自定义模板】，系统弹出【自定义模板】对话框。

说明：在【自定义模板】对话框的行业名称栏中预置了现行会计制度规定的26个企业，如果企业需要，还可以在该窗口中增加行业，企业还可以将企业的名称定制为一个行业，以便于管理

② 在行业名称栏里选择“股份制”。

说明：在【自定义模板】对话框里，预留了企业最常用的6张报表，选择框下端标志有该张报表的保存路径。如果某张报表不需要了，还可以在此状态下删除。

③ 单击【下一步】按钮，弹出【自定义模板】对话框。

④ 单击【增加】按钮，进入【添加模板】对话框。

说明：在报表文件选择中双击该报表名也可以添加该报表

⑤ 输入报表文件名：资产负债表 1.rep。

⑥ 单击【添加】按钮，退回【自定义报表】对话框，该报表名显示在空白框中。

⑦ 单击【完成】按钮，自定义模板添加完成。

注意：

（1）报表字体颜色所代表的内容不同。

黑色的指项目，可以直接进行编辑；

蓝色的公式单元，必须在定义公式对话框中进行输入公式才可以；

红色字体为关键字，必须进行定义和录入，不可以直接进行修改。

（2）报表的状态分为“格式”与“数据”两种，在格式状态下对报表的项目及公式进行调整及关键字设置，在数据状态显示相关数据及录入关键字。

（3）公式所有标点符号均为半角。

练 习 题

一、单选题

1. UFO 报表系统中，（　　）定义了报表数据之间的运算关系，可以实现报表系统从其他子系统取数，所以必须定义它。

   A. 计算公式　　B. 审核公式

   C. 舍位平衡公式　　D. 单元公式

2. UFO 报表系统中，公式 QM（“101”，月）的含义是（　　）。

   A. 取 101 科目的本月期初余额　　B. 取 101 科目的本月期末余额

   C. 取 101 账套的本月期初余额　　D. 取 101 账套的本月期末余额

3. UFO 报表系统中，保存报表的默认扩展名是（　　）。

   A. rep　　B. xls　　C. doc　　D. txt

4. UFO 报表系统中，要生成有数据的报表，最重要的一步是（　　）。

   A. 输入关键字　　B. 保存报表格式

   C. 组合单元　　D. 画表格线

5. 制作报表中，下列哪个操作不是在格式状态下进行的。（　　）

   A. 设置表尺寸　　B. 设置单元属性

   C. 设定组合单元　　D. 输入关键字的值

6. 会计报表的表体是由（　　）构成的。

   A. 表元　　B. 表格线　　C. A 和 B　　D. 计算公式

7. 由电脑生成及输出的会计报表，其构成要素为（　　）。

A. 表头、表尾　B. 标题　C. 表体　D. 以上都是

8. 编制会计报表，主要是确定（　　）的值。

A. 表头　B. 表尾　C. 变动表元　D. 固定表元

二、多选题

1. UFO 报表系统中，下列哪些操作是在数据状态下进行的。（　　）

A. 舍位平衡　B. 插入表页　C. 输入关键字　D. 整表重算

2. 报表公式主要有（　　）。

A. 单元公式　B. 审核公式　C. 取数公式　D. 舍位平衡公式

3. UFO 报表的关键字包括（　　）

A. 单位名称　B. 单位编号　C. 年、月、日　D. 季

4. 在 UFO 报表中，单元风格指单格内容的显示，包括（　　）。

A. 字体　B. 颜色　C. 对齐方式　D. 折行显示

5. UFO 在处理报表时将组合单元视为一个单元，可以（　　）域设为一个组合单元。

A. 同一行相邻的几个单元　B. 同一列相邻的几个单元

C. 一个多行多列的平面区　D. 可交叉的一行一列

6. 在 UFO 报表中修改哪些项目后系统会提示重新计算（　）

A. 插入行、列　B. 关键字　C. 公式单元　D. 显示比例

三、判断题

1. UFO 报表系统中，单元风格主要指的是单元内容的字体、字号、字形、对齐方式、颜色图案等。（　　）

2. UFO 报表系统中，用户可以根据自己的需要设置相应的关键字。（　　）

3. UFO 报表系统中，报表数据处理一般是针对某一特定表页进行的。（　　）

4. UFO 报表系统中，数值单元的内容只能通过单元计算公式计算生成。（　　）

5. 报表公式设置是实现计算机处理报表数据的关键步骤。（　　）

6. 在 UFO 报表系统中，关键字既可在格式状态下录入，也可在数据状态下录入。（　　）

7. UFO 报表管理系统中的单元有 3 种类型，分别为数值单元、字符单元、表样单元。（　　）

四、思考题

1. 为什么利用计算机报表处理系统编制报表会比手工会计编制报表效率高？

2. 计算机报表处理系统中“报表编制”的含义是什么？

3. 计算机报表处理系统中关键字的作用是什么？

第八章　工资管理子系统

【知识目标】

1. 了解工资管理子系统的系统目标、主要功能、业务处理流程及系统使用前的准备工作。

2. 理解并掌握工资管理子系统的初始化设置工作。

3. 掌握工资管理子系统的日常及期末业务处理的内容及方法。

【技能目标】

1. 知道系统使用前需要准备哪些资料。

2. 会进行工资管理系统的初始化设置。

3. 会使用工资管理系统进行日常的业务处理，如工资变动、扣缴个人所得税、工资分钱清单、工资分摊、月末处理、输出工资报表等。

第一节　工资管理子系统概述

工资是企业依据职工付出劳动的数量和质量，在一定时期内以货币形式付给职工的劳动报酬。工资核算和管理是所有单位会计核算中最基本的业务之一。工资管理子系统就是进行工资核算和管理的系统。

一、系统目标

工资管理子系统适用于各类企业、行政事业单位进行工资核算、工资发放、工资费用分摊、工资统计分析和个人所得税核算等。可以与总账系统集成使用，将工资凭证传递到总账中；可以与成本管理系统集成使用，为成本管理系统提供人员的费用信息。

二、系统处理流程

进入系统后，必须按正确的顺序调用系统的各项功能，只有按正确的次序使用，才能保证您少走弯路，并保证数据的正确性，特别是第一次使用的用户，更应遵守使用次序。如图 8-1 所示。

三、系统功能

工资管理子系统主要包括系统初始设置、基础资料录入、日常业务处理、工资数据输出、凭证处理、期末结账和系统服务等功能。

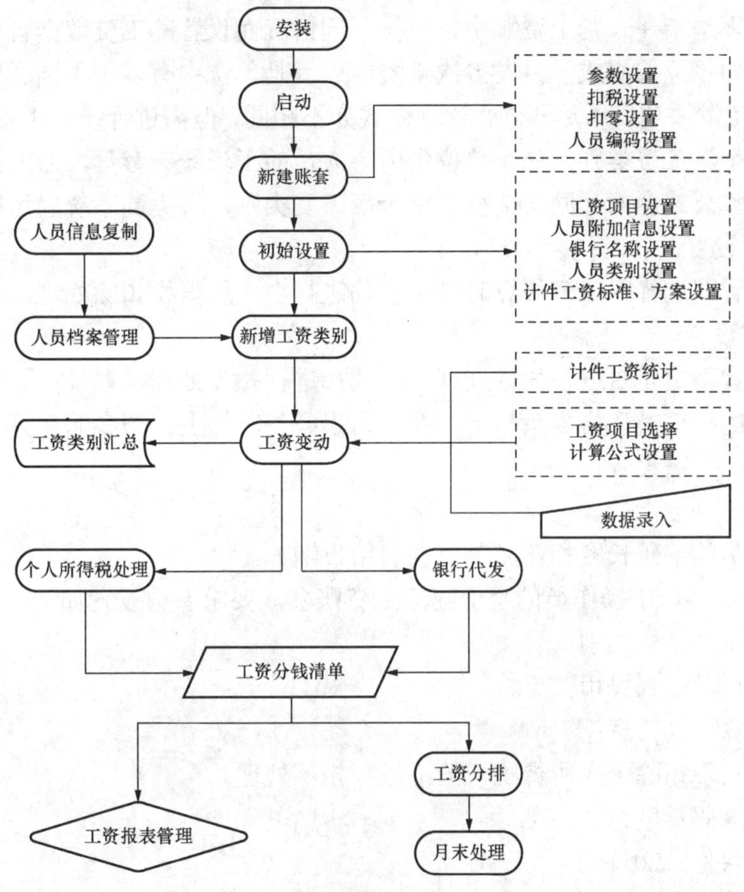

图 8-1　工资管理子系统处理流程

四、系统使用前的准备工作

在使用工资管理系统前，应做好手工数据准备工作，包括：规划设置企业内部所有部门的名称和简称规范、人员编码的编排方式、人员类别的划分形式，整理好准备设置的工资项目及核算方法，并准备好人员的档案数据、工资数据等基本信息。

第二节　系统初始设置

一、建立工资账套

通用工资子系统一般都可以处理多套互不相关或相对独立的多个部门或类别的工资业务，每一套称为一个工资类别或工资账套。建立工资账套是整个工资管理正确运行的基础。

系统提供的建账向导共分为四步：

1. 参数设置。

参数设置包括工资类别个数、选择币种名称和“是否核算计件工资”。

工资类别是指在一套工资账中，根据不同情况而设置的工资数据管理类别。在工资管理中如单位按周或一月发多次工资，或者是单位中有多种不同类别（部门）的人员，工资发放项目不尽相同，计算公式亦不相同，但需进行统一工资核算管理，应选择“多个”工资类别。如果单位中所有人员的工资统一管理，而人员的工资项目、工资计算公式全部相同，选择“单个”工资类别，可提高系统的运行效率。

2. 扣税设置。

扣税设置即选择在工资核算时是否自动进行个人所得税扣除处理。

3. 扣零设置。

扣零设置确定是否进行扣零处理。若选择进行扣零处理，系统在计算工资时将依据所选择的扣零类型将零头扣下，并在积累成整时补上。扣零的计算公式将由系统自动定义，无需设置。

4. 编码设置。

设置人员的编码长度和核算单位的启用日期。

任务 8-1　以 01 操作员的身份建立工资账套，要求参数设置如下：

- 设置单个工资类别；
- 核算币种：人民币；
- 不核算计件工资；
- 从工资中扣除个人所得税，但不进行扣零处理。
- 人员编码长度为：3 位；
- 启用月份：2011.01；

操作提示：若在前面总账系统中已经结账，要先取消结账，再以 01 操作员的身份登录企业门户，启用工资管理子系统，进行建账操作。

详细步骤：

（1）取消总账系统期末结账

① 在“用友 ERP—U8 企业门户”中，双击【财务会计】中的【总账】。

② 单击【期末】中的【结账】，打开【结账】窗口。

③ 单击选择“2011.01”，再按组合键“Ctr+Shift+F6”，打开【确认口令】窗口。

④ 单击【确认】按钮，再单击【取消】按钮。

⑤ 关闭“总账”系统。（右击总账，退出产品）

（2）启用工资管理子系统

首先要确定退出总账子系统，或以 01 操作员重新登录企业门户。

① 在“用友 ERP—U8 企业门户”中，双击【基础信息】中的【基本信息】，打开【基本信息】窗口。

② 双击【系统启用】，打开【系统启用】窗口。

③ 单击【WA 工资管理】前的方框，打开【日历】窗口。

④ 选择“2011 年 1 月 1 日”，单击“确定”按钮，打开“确实要启用当前系统

吗？”提示。

⑤ 单击【是】按钮。

⑥ 单击【退出】按钮，返回“基本信息”窗口。

⑦ 单击【关闭】按钮。

（3）建立工资账套

① 在“用友 ERP—U8 企业门户”中，单击【业务】、【财务会计】、【工资管理】，会出现“建立工资账套—参数设置”窗口。在该窗口中，单击【单个】前的单选按钮。

② 单击【下一步】，打开“建立工资账套—扣税设置”窗口，单击【是否从工资中代扣个人所得税】前的复选框，单击【下一步】，打开“建立工资账套—扣零设置”窗口。

③ 单击【下一步】，打开“建立工资账套—人员编码”。

④ 单击人员编码长度前的数字可变按钮，使人员编码的长度为“3”。

⑤ 单击【完成】，出现提示“未建立工资类别”。

⑥ 单击【确定】，出现“工资管理—新建工资类别窗口”。

⑦ 单击【确定】，出现“新建工资类别”窗口。

⑧ 在“新建工资类别”窗口中，输入“正式员工”，单击【下一步】，打开“新建工资类别—请选择部门”对话框。

⑨ 分别单击选中各个部门，或单击【选定全部部门】。

⑩ 单击【完成】，系统提示“是否以 2011 年 1 月 31 日为当前工资类别的启用日期？”。

⑪ 单击【是】，完成建账工作。

二、代发银行名称设置

对于由银行代发工资的企业应该进行银行名称的设置，工资子系统可设置多个发放银行的设置，以适应不同的需要。注意在删除银行名称时，同此银行有关的所有设置包括银行的代发文件格式设置等均一并删除。

任务 8-2　设置银行名称为中国工商银行，账号长度为 11

操作提示：

在“企业门户”中，单击：业务——财务会计——工资管理——设置——银行名称设置，按要求设置，如图 8-2 所示。

三、人员设置

1. 人员设置包括人员类别、人员档案和附加信息设置。

2. 人员类别设置是为了便于按人员类别进行工资汇总计算；人员档案设置用于登记工资发放人的姓名、职工编号、所在部门、人员类别等信息；人员附加信息指职工个人的有关信息，如职工的性别、婚姻状况等。

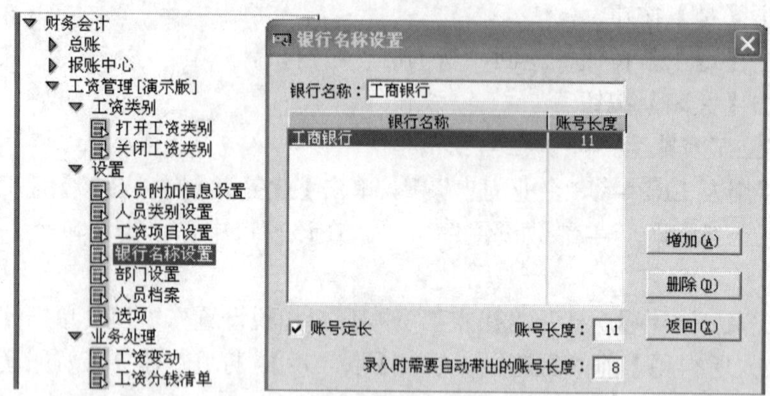

图 8-2　银行名称设置

任务 8-3　按以下要求进行人员设置

（1）增加人员附加信息：性别、婚否。

操作提示：

在“企业门户”中，单击：业务——财务会计——工资管理——设置——人员附加信息设置，按以上要求输入。如图 8-3 所示。

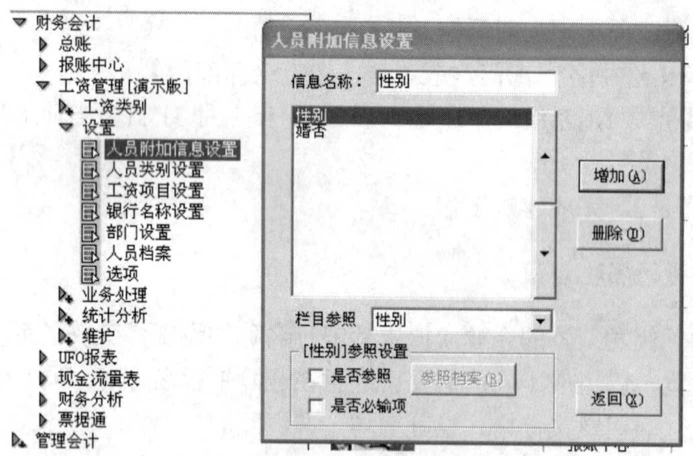

图 8-3　增加人员附加信息

（2）设置人员类别，如下：

01 经理人员；02 开发人员；03 管理人员；04 营销人员。

操作提示：

在“企业门户”中，单击：业务——财务会计——工资管理——设置——人员类别设置，按以上要求设置，如图 8-4 所示。

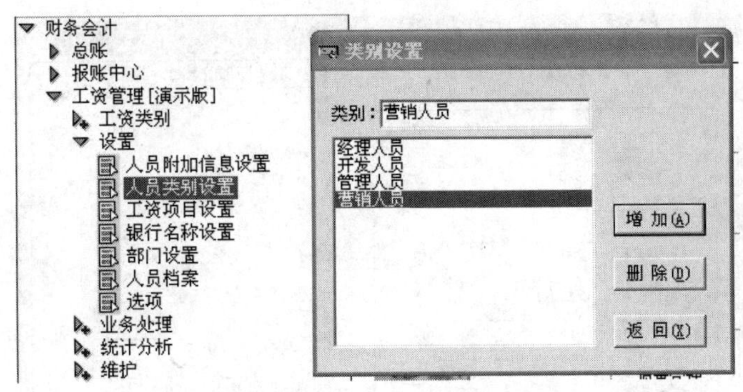

图 8-4　人员类别设置

（3）设置人员档案，如表 8-1 所示

表 8-1　人员档案表

部门名称	人员编号	人员姓名	人员类别	账　号	是否扣税
企划部	001	郑和平	经理人员	10255090001	是
企划部	002	李　煜	管理人员	10255090002	是
财务部	003	李　明	经理人员	10255090003	是
财务部	004	张　有	管理人员	10255090004	是
财务部	005	王丽丽	管理人员	10255090005	是
财务部	006	李　华	管理人员	10255090006	是
制作部	007	黄建国	经理人员	10255090007	是
制作部	008	孔俊杰	开发人员	10255090008	是
制作部	009	冯　结	开发人员	10255090009	是
市场部	010	李斯奇	经理人员	10255080010	是
市场部	011	付海涛	营销人员	10255080011	是
市场部	012	梅　眉	营销人员	10255080012	是

注：部门编码、人员编码的设置参看“部门设置”部分，编码长度要符合系统规定。人员类别的设置参看“人员类别设置”部分。

操作提示：

在“企业门户”中，单击：业务——财务会计——工资管理——设置——人员档案，按以上要求设置

① 单击“设置”中的【人员档案】，打开“人员档案”窗口。

② 在“人员档案”窗口中，单击【增加】按钮，打开“人员档案”对话框。

③ 在“基本信息”页签中，录入人员编号“001”，单击人员姓名栏参照按钮，选择“郑和平”，单击部门编码栏下三角按钮，选择“001”，单击银行名称栏下三角按钮，选择“工商银行”，在银行账号栏录入“10255090001”。单击【确认】按钮。如图 8-5 所示。

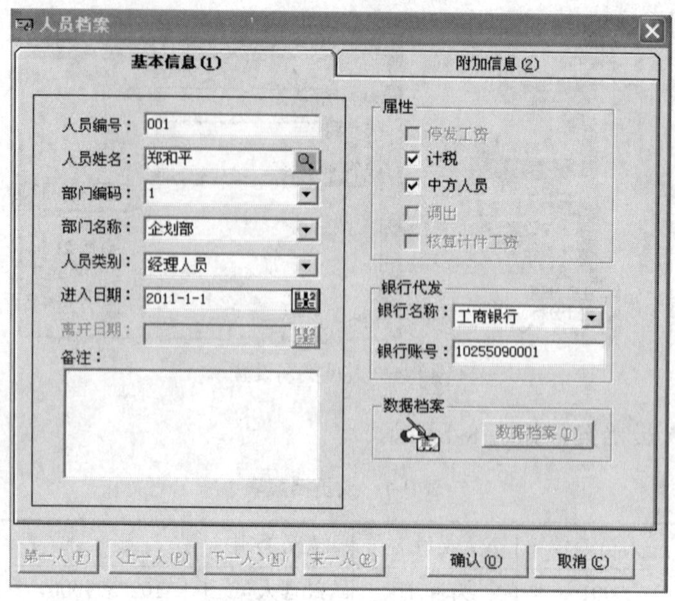

图 8-5　人员档案录入

④ 依此方法继续录入其他的人员档案。

⑤ 单击【退出】按钮，退出人员档案对话框。

四、工资项目设置

工资项目设置即定义项目名称、数据类型、数据长度、小数位数、增减项等，实质是设置存放工资数据的数据库文件的结构。

任务 8-4　设置工资项目如表 8-2 所示：

表 8-2　工资项目一览表

项目名称	类　型	长　度	小数位数	工资增减项
等级工资	数字	10	2	增项
岗位工资	数字	10	2	增项
奖　　金	数字	8	2	增项
交通补助	数字	8	2	增项
应发合计	数字	10	2	增项
请假天数	数字	3	0	其他
请假扣款	数字	8	2	减项
代扣税	数字	8	2	减项
社会保险费	数字	8	2	减项
扣款合计	数字	8	2	减项
实发合计	数字	8	2	增项

操作提示：

在“企业门户”中，单击：业务——财务会计——工资管理——设置——工资项目设置，按以上要求设置

详细步骤：

① 单击【设置】中的“工资项目设置”，打开“工资项目设置”对话框。

② 单击【增加】按钮，单击“名称参照”下拉列表按钮，从中选择“等级工资”，或直接在在工资项目名称栏录入“等级工资”，然后单击“等级工资”所在行类型栏下三角按钮，选择“数字”，双击长度栏选择“10”，双击小数栏选择“2”，双击增减项选择【增项】。如图 8-6 所示。

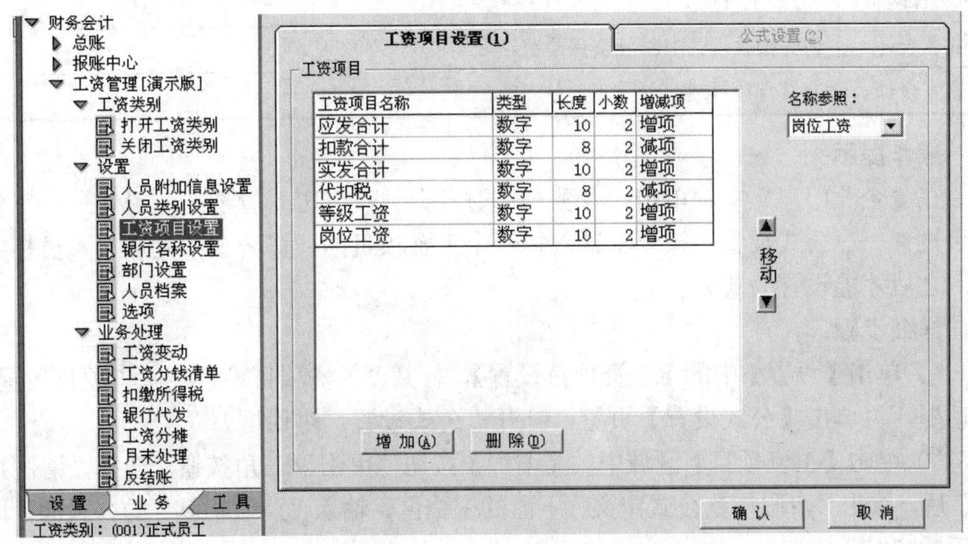

图 8-6　设置工资项目

③ 依此方法继续增加其他的工资项目。

④ 单击【确认】按钮，出现提示“工资项目已经改变，请确认各工资类别的公式是否正确，否则计算结果可能不正确”。

⑤ 单击【确定】按钮。

五、公式设置

工资子系统提供了公式设置功能，使所有能够通过公式计算的工资项目由系统按公式自动计算得出。公式可以在工资项目设置完成后进行设置，也可以在日常业务处理过程中临时设置。

任务 8-5　按表 8-3 所示要求定义工资计算公式

表 8-3　工资计算公式表

工资项目	定义公式
请假扣款	请假天数×20　　请假天数*20
岗位工资	经理人员的岗位工资 1 600 元，开发及管理人员的岗位工资 1 000 元，营销人员岗位工资 800 元：iff（人员类别=“经理人员”，1 600，iff（人员类别=“开发人员” or 人员类别=“管理人员”，1 000，iff（人员类别=“营销人员”，800，0）））
交通补助	iff（人员类别=“经理人员” or 人员类别=“营销人员”，500，300）
应发合计	等级工资+岗位工资+奖金+交通补助
社会保险费	（等级工资+岗位工资）×0.07
扣款合计	请假扣款+代扣税+社会保险费
实发合计	应发合计-扣款合计

操作提示：

在“企业门户”中，单击：业务——财务会计——工资管理——设置——工资项目设置——公式设置，按要求输入每一个工资项目的计算公式（注意，人员档案录入之后才能设置公式）。

详细步骤：

① 单击【设置】中的【工资项目设置】，打开“工资项目设置—工资项目设置”对话框，再单击【公式设置】页签，打开“公式设置”对话框。

② 单击【工资项目】区域中的【增加】按钮，单击下三角按钮，选择“请假扣款”后，单击“请假扣款公式定义”下面的空白区，输入“请假捐款”的公式即“请假天数*20”。

③ 单击【公式确认】。

④ 依此方法设置其他的工资计算公式。如图 8-7 所示

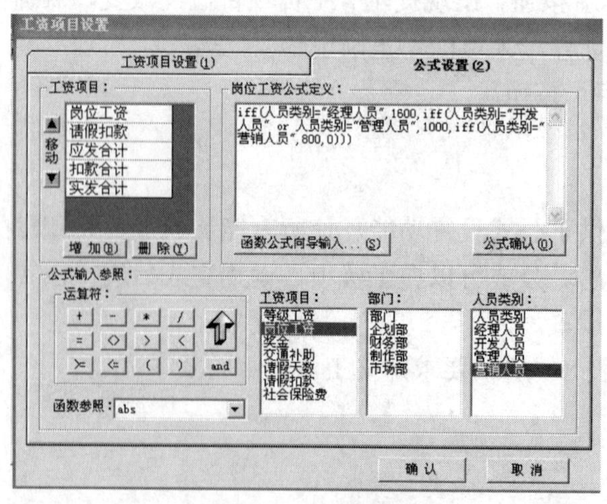

图 8-7　公式设置

注： 在录入公式时，可以使用函数公式向导输入，也可以在下面的“公式输入参照”中单击相应的项进行输入。

第三节　日常业务处理

一、工资子系统数据输入

工资子系统的主要输入工作是工资数据的输入，在第一次使用工资系统时，需要输入每个职工的所有没有进行公式定义的工资项目数据（公式定义的项目会自动计算得出），以后每个月只需要输入当月有变动的部分，如请假扣款等，而每月相对固定的部分如等级工资只在提职晋级时有变动，才需要进行修改。

任务 8-6　按表 8-4 录入工资期初数据

表 8-4　2011 年 1 月份工资期初余额表

人员姓名	等级工资	人员姓名	等级工资
郑和平	4 800	黄建国	3 500
李煜	2 200	孔俊杰	2 200
李明	3 000	冯结	2 200
张有	2 500	李斯奇	1 800
王丽丽	2 200	付海涛	1 500
李华	2 000	梅眉	1 500

操作提示：

在“企业门户”中，单击：业务——财务会计——工资管理——业务处理——工资变动，双击要录入数据的单元格，按表录入各人员的需要录入的数据，都录完后，单击【计算】，计算出定义计算公式的工资项目的数据，如图 8-8 所示。

打印 预览 输出 | 设置 替换 定位 筛选 计算 汇总 编辑 | 帮助 退出

工 资 变 动

过滤器：所有项目　　□ 定位器

人员编号	姓名	部门	人员类别	等级工资	岗位工资	奖金	交通补助	应发合计	请假
001	郑和平	企划部	经理人员	4,800.00	1,600.00		500.00	6,900.00	
002	李煜	企划部	管理人员	2,200.00	1,000.00		300.00	3,500.00	
003	李明	财务部	经理人员	3,000.00	1,600.00		500.00	5,100.00	
004	张有	财务部	管理人员	2,500.00	1,000.00		300.00	3,800.00	
005	王丽丽	财务部	管理人员	2,200.00	1,000.00		300.00	3,500.00	
006	李华	财务部	管理人员	2,000.00	1,000.00		300.00	3,300.00	
007	黄建国	制作部	经理人员	3,500.00	1,600.00		500.00	5,600.00	
008	孔俊杰	制作部	开发人员	2,200.00	1,000.00		300.00	3,500.00	
009	冯结	制作部	开发人员	2,200.00	1,000.00		300.00	3,500.00	
010	李斯奇	市场部	经理人员	1,800.00	1,600.00		500.00	3,900.00	
011	付海涛	市场部	营销人员	1,500.00	800.00		500.00	2,800.00	
012	梅眉	市场部	营销人员	1,500.00	800.00		500.00	2,800.00	

当前月份：4 月　总人数：12　当前人数：12　当前状态：查询　[修改]状态

账套：明华科技有限公司【666】　操作员:01　业务日期:2011-04-04　4:26　【用友软件】

图 8-8　录入并计算工资数据

注：为了录入的方便与快速，系统提供了定位、替换、过滤器等功能。

定位可按部门或人员定位，能快速查找到某个人，进行数据的录入。

替换功能可以成批地修改某一个工资项目的数据。

过滤器可选择出某几列要录入数据的工资项目，放便数据输入，如图 8-9 和图 8.10 所示。

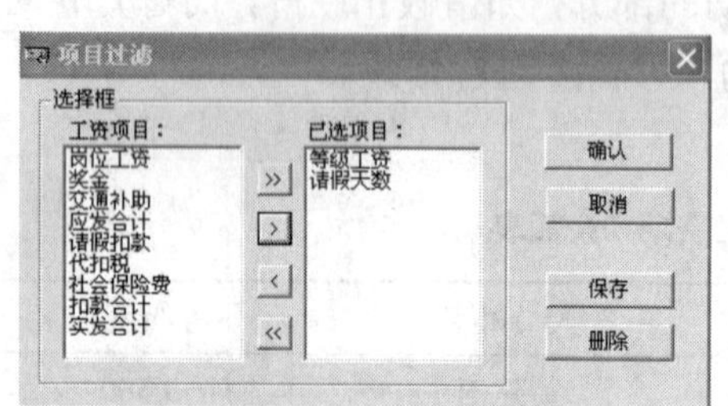

图 8-9　过滤设置

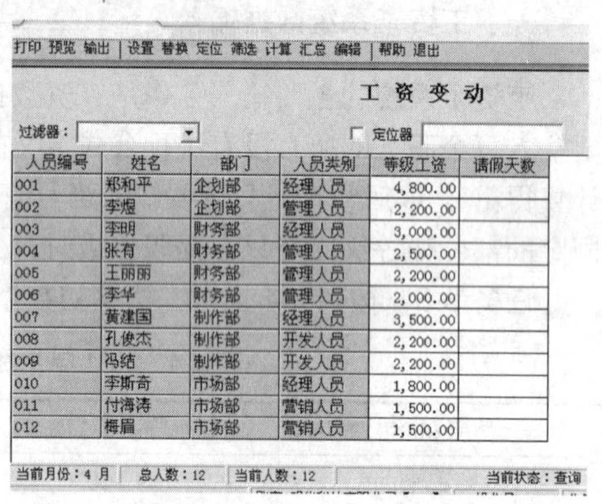

人员编号	姓名	部门	人员类别	等级工资	请假天数
001	郑和平	企划部	经理人员	4,800.00	
002	李煜	企划部	管理人员	2,200.00	
003	李明	财务部	经理人员	3,000.00	
004	张有	财务部	管理人员	2,500.00	
005	王丽丽	财务部	管理人员	2,200.00	
006	李华	财务部	管理人员	2,000.00	
007	黄建国	制作部	经理人员	3,500.00	
008	孔俊杰	制作部	开发人员	2,200.00	
009	冯结	制作部	开发人员	2,200.00	
010	李斯奇	市场部	经理人员	1,800.00	
011	付海涛	市场部	营销人员	1,500.00	
012	梅眉	市场部	营销人员	1,500.00	

图 8-10　过滤过的界面

任务 8-7　按下列要求进行工资数据修改

1. 增加人员：因业务拓展需要，从人才市场中招聘石磊作为公司营销助理，以进一步融通市场渠道，合同约定：试用期为 3 个月，基本工资为 1 500 元，人员编号为 017，人员类别为管理人员，银行账号：10255090017，暂不享受其他福利待遇。

操作提示：

按增加人员档案的步骤进行操作既可：业务——财务会计——工资管理——设置——人员档案。单击【增加】，输入数据。

2. 制作部公布 2011 年 1 月员工出勤情况结果：孔俊杰因私事请假两天。

操作提示：

在“企业门户”中，单击：业务——财务会计——工资管理——业务处理——工资变动，在孔俊杰那一行的请假天数项目处输入 2 即可。

3. 为了提高工作效率，经研究决定，从 2011 年 1 月起按以下标准发放信息费（先增加信息费项目：数字型，长度 8 位，小数 2 位，增项）：经理人员及营销人员 200 元，其余人员 50 元。

操作提示：

在【企业门户】中，单击：业务——财务会计——工资管理——业务处理——工资变动，先单击【设置】，增加工资项目：信息费，如图 8-11 所示。

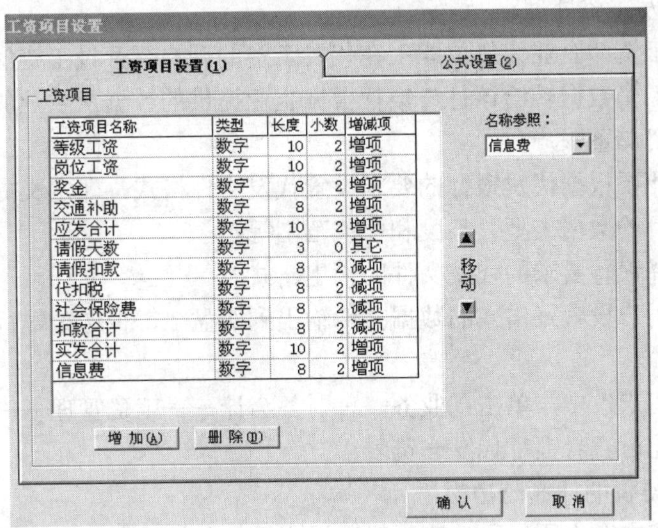

图 8-11　增加信息费工资项

再将经理人员及营销人员的信息费替换成 200 元，在“工资变动”窗口，单击【替换】，输入替换条件及内容，如图 8-12 所示。

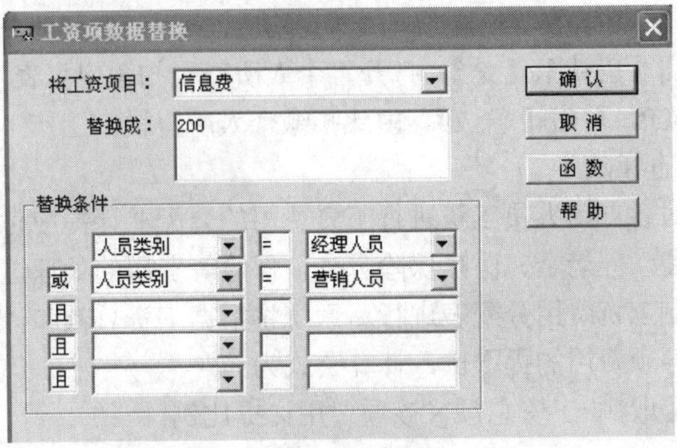

图 8-12　信息费工资项数据替换修改

二、工资子系统数据处理

工资数据处理主要是将工资数据按账务处理的要求进行汇总以便生成工资转账数据。主要包括银行代发处理、扣零处理、工资票面分解和个人所得税的计算等。

1. 工资计算和汇总。

系统根据用户输入的工资项目数据及计算公式，计算得到应发工资、捐款合计、实发工资等项目，并生成新的数据表。若有些数据进行了修改，则需要重新计算并汇总。

操作提示：在“工资变动”中，分别单击【计算】和【汇总】。

2. 银行代发工资处理。

银行代发工资即企业为每位职工在代发工资的开户行开设工资储蓄账户，每月企业把算好的工资数据转给该行，银行根据企业提供的数据从企业的账户中把钱划转入职工的工资储蓄账户。

首先，企业要根据代发银行的要求设置代发文件格式，即定义提供数据中所包含的项目、项目的数据类型、长度和取值范围等。

其次，选择银行要求的代发文件的输出格式。

最后，按用户设置好格式的数据文件输出到磁盘上，报送给银行。

操作提示：

在“企业门户”中，单击：业务——财务会计——工资管理——业务处理——银行代发。由此可查看银行代发一览表。

3. 个人所得税的计算与申报。

工资子系统中个人所得税计算一般由用户设定各级纳税基数和段纳税率，然后系统自动生成相应的计算公式，并在工资计算时计算。

任务 8-8 将个人所得税的计提基数（个税起征点）设置为 3 500 元

操作提示：

在“企业门户”中，单击：业务——财务会计——工资管理——业务处理——扣缴所得税，单击【确认】、【是】，打开“个人所得税扣缴申报表”，单击【税率】，将基数调整为 3 500，单击【确认】。由此扣缴个人所得税。

4. 工资费用的分摊。

工资分摊是对各部门人员工资进行工资费用的分配并计提应付福利费、工会经费、职工教育经费、养老金、医疗保险、失业保险等费用的处理过程。工资分摊和分配一般通过编制工资费用分配表进行。系统将根据工资总额和计提比例分别计算每一部门或个人各项费用的提取额，计算公式为：

某项费用的提取额=工资总额×该项费用计提比例。

分两步完成：

第一步：工资分摊设置

第二步：分摊工资并生成转账凭证

5. 工资数据的月末处理。

将当月工资数据经过处理后结转到下月，每月的工资数据处理完毕后均可进行月末处理。月末处理只有主管人员才有权限进行操作。

操作提示：单击【业务处理】中的【月末处理】，选择【是否选择清零项？】并选择清零项目。

三、工资子系统数据输出

工资子系统数据输出主要是工资发放签名表及工资发放条、工资汇总表、票面分解一览表的打印输出，以及为进行账务处理输出系统自动生成的工资业务转账凭证。

操作提示：单击【业务处理】中的【统计分析】，单击【我的账表】，根据输出需要进行选择。

练　习　题

一、单选题

1. 设置工资项目属于工资子系统的（　　）。
   A. 系统初始化　　B. 日常业务处理
   C. 数据维护　　D. 期末业务处理
2. 职工工资中的变动项目是指每月都会发生变化的工资项目，如（　　）。
   A. 基本工资　　B. 交通补贴　　C. 加班工资　　D. 职务工资
3. 下面（　　）内容不属于工资核算处理系统流程的范畴。
   A. 人事变动　　B. 考勤记录　　C. 计提福利费　　D. 备用金制度
4. 在工资核算系统中，某一部门中还没有定义任何人员，则这个部门允许（　　）。
   A. 修改　　B. 删除　　C. A 和 B 都对　　D. A 和 B 都不对
5. 某企业工资项目中“姓名”项目，用于记录职工的姓名，这个工资项目的类型是（　　）
   A. 字符型　　B. 数字型　　C. 逻辑型　　D. 日期型
6. 企业在使用工资核算系统之前，应对企业的（　　）进行整理、分类和编码。
   A. 固定资产　　B. 部门和人员　　C. 材料　　D. 产品
7. 如果对符合某个条件的人员的统一工资项目进行统一的修改，最合适的修改方法是（　　）方法。
   A. 成批数据替换　　B. 逐个修改
   C. 两种都是　　D. 两种都不是
8. 在设置工资项目的公式时，凡涉及工资项目时应（　　）
   A. 手工输入　　B. 在参照列表中选择输入
   C. A、B 两种方式都行　　D. 没有限制
9. 在设置工资项目时，对系统提供的各单位都使用的固定项目，下列叙述正确的是（　　）
   A. 不允许修改　　B. 允许修改项目的名称
   C. 允许修改项目数据的性质　　D. 允许修改项目数据的类型

二、多选题

1. 工资数据的输出主要是（　　）
   A. 系统自动生成的工资转账凭证　　B. 工资单及工资条
   C. 工资汇总表　　D. 票面分解一览表
2. 要全面了解企业职工工资，可以通过以下（　　）进行查询。
   A. 人事考勤表　　B. 工资条　　C. 工资统计表　　D. 工资汇总表
3. 工资子系统的初始设置包括（　　）
   A. 工资类别个数　　B. 扣税设置
   C. 扣零设置　　D. 编码设置
4. 工资子系统为了录入的方便与快速，提供了（　　）等功能。
   A. 定位　　B. 替换　　C. 汇总　　D. 过滤器

三、判断题

1. 工资核算系统中，应先设置工资项目，再进行计算公式设置。（　　）
2. 工资核算系统的日常处理工作中需录入的工资数据就是由工资项目计算公式得到的数据。（　　）
3. 企业的工资核算处理程序包括工资计算和发放两个步骤。（　　）
4. 人事变动信息和工资调整信息是形成工资变动信息文件的两大要素。（　　）
5. 工资核算及管理是会计核算软件中常见的功能模块之一。（　　）
6. 职工工资项目中有些项目变动很少，因此职工工资的计算每个月重复性比较小。（　　）
7. 工资账套也叫工资类别，工资子系统可以建立多个工资账套。（　　）
8. 工资子系统只能设置一个发放银行。（　　）
9. 人员类别设置是为了便于按人员类别进行工资汇总计算。（　　）
10. 公式可以在日常业务处理过程中临时设置。（　　）
11. 人员档案录入之后才能设置公式。（　　）

四、思考题

1. 工资管理子系统的主要功能是什么？
2. 工资管理子系统提供了哪些数据处理功能？

第九章　固定资产管理子系统

【知识目标】

1. 了解固定资产管理子系统的系统目标、主要功能、业务处理流程及系统使用前的准备工作；

2. 理解并掌握固定资产管理子系统的初始化设置工作；

3. 掌握固定资产管理子系统的日常及期末业务处理的内容与方法。

【技能目标】

1. 知道系统使用前需要准备哪些资料；

2. 会进行固定资产管理子系统的初始化设置；

3. 会使用固定资产管理子系统进行固定资产管理和核算的业务处理，如资产的增减、变动、计提折旧等。

第一节　固定资产管理子系统概述

固定资产是指为生产商品、提供劳资、出租或经营管理而持有的、使用寿命超过 1 个会计年度的有形资产。固定资产管理子系统是对固定资产进行核算和管理的系统，是企业管理信息系统的一个重要组成部分。

一、系统目标

（1）核算和监督固定资产的增、减、变动情况，管理好固定资产卡片。

（2）核算固定资产折旧，汇总、分析折旧费用。

（3）实现与相关系统的数据传递。完成固定资产核算的账务处理后自动生成转账凭证，并把有关转账凭证数据传递到总账系统。

（4）输出固定资产的有关信息。

二、系统处理流程

下面以一个企业初次使用固定资产子系统为例说明系统处理流程，如图 9-1 所示。行政事业单位系统处理流程与之不同的是：没有折旧计提及其相关内容。

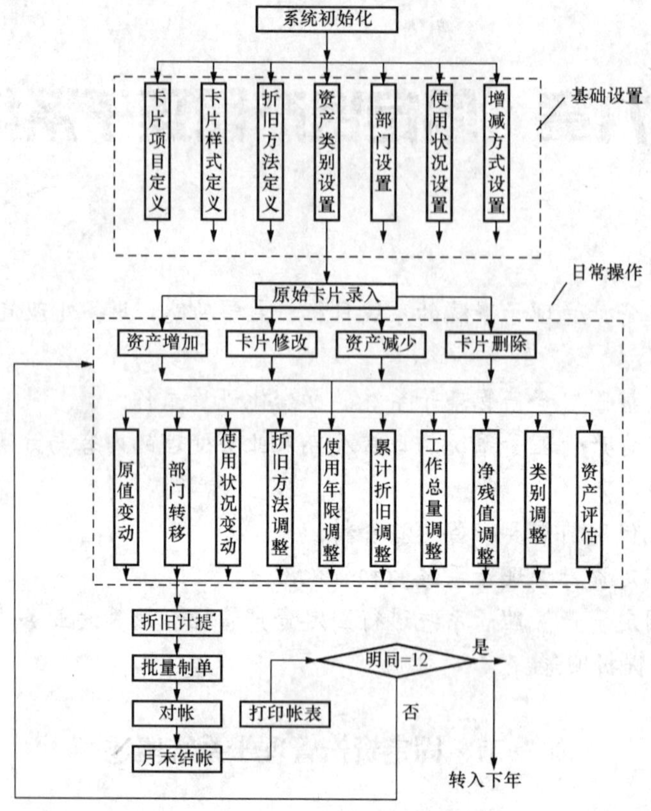

图 9-1 固定资产管理子系统处理流程

三、系统功能

固定资产管理子系统一般具备如下功能：系统初始设置、基础资料录入、日常业务处理、固定资产数据输出、凭证处理、期末业务处理和系统服务等功能。

四、系统使用前的准备工作

为了提高固定资产系统的使用效率，在系统投入使用前需要认真做好系统使用前的准备工作，主要从以下几个方面进行：规范固定资产数据的收集方法、规范固定资产的基础数据和历史数据；确定折旧方法；规范信息输出。

第二节 系统初始设置

固定资产子系统初始设置包括账套控制参数设置、基础资料输入等。

一、控制参数设置

控制参数设置在系统第一次运行时进行，主要是确定固定资产子系统基本原则、

启用日期、主要折旧方法、编码规则和与账务系统的接口。

任务 9-1　建立固定资产账套，控制参数如下：

启用月份：2011 年 1 月

折旧计算方法：平均年限法（一），分配周期为 1 个月

固定资产类别编码方式为 2-1-1-2，编码方式：按“类别编码+序号”自动编码；序号长度为 3.

与总账系统进行对账，固定资产对账科目“1601，固定资产”，累计折旧对账科目“1602，累计折旧”；并且在对账不平衡的情况不允许月末结账。

详细步骤：建立固定资产账套，分以下两步进行。

（1）启用固定资产管理系统

首先，要保证其他子系统已全部退出，或以 01 操作员重新登录企业门户。

① 在“用友 ERP-U8 企业门户”中，双击【基础信息】中的【基本信息】，打开“基本信息”窗口。

② 双击【系统启用】，打开“系统启用”窗口。

③ 单击【FA 固定资产】前的方框，打开“日历”窗口。

④ 选择“2011 年 1 月 1 日”，单击【确定】按钮，系统提示“确实要启用当前系统吗？”。

注意：启用月份是根据用户登录固定资产模块的日期自动设置的，无法更改。

⑤ 单击【是】。

⑥ 单击【退出】钮，返回“基本信息”窗口。

⑦ 单击【关闭】。

（2）建立固定资产账套

① 在“用友 ERP-U8 企业门户”中，双击【财务会计】中的【固定资产】，系统提示“这是第一次打开此账套，还未进行过初始化，是否进行初始化？”。

② 单击【是】，打开“固定资产初始化向导—约定与说明”窗口。

③ 单击【下一步】，打开“固定资产初始化向导—账套启用月份”窗口。

④ 单击【下一步】，打开“固定资产初始化向导—折旧信息”窗口。选择平均年限法（一），分配周期设为 1 个月。

⑤ 单击【下一步】，打开“固定资产初始化向导—编码方式”窗口，单击“自动编码”前的单选按钮，再单击自动编码右下三角按钮，选择“类别编码+部门编码+序号”，序号长度改为 3。

⑥ 单击【下一步】，打开“固定资产初始化向导—财务接口”窗口。

⑦ 在固定资产对账科目栏录入或选择“1501”，在累计折旧对账科目栏录入或选择“1502”，并单击【在对账不平的情况下允许固定资产月末结账】前的复选按钮，去掉复选框里的“√”。

⑧ 单击【下一步】，打开“固定资产初始化向导—完成”窗口。如图 9-1 所示。

⑨ 单击【完成】，单击【是】，完成初始化设置。

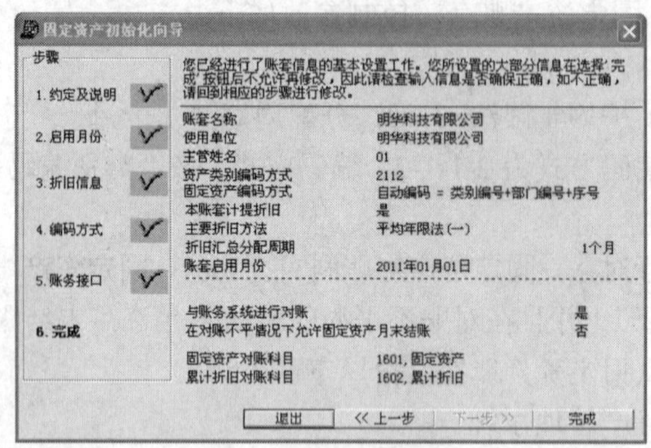

图 9-2 固定资产初始化

二、基础设置

基础设置包括部门档案设置、部门对应折旧科目设置、资产类别设置、增减方式设置、折旧方法设置、使用状况设置、固定资产卡片项目定义等。

任务 9-2 按下述要求，进行相关核算规则的初始设置：

1. 按照表 9-1 要求设置部门对应折旧科目。

表 9-1 部门及对应折旧科目

部门	对应折旧科目
企划部	550202
制作部	410502
市场部	550102

操作提示：

在“企业门户”中，单击：业务——财务会计——固定资产——设置——部门对应折旧科目，选择要设置折旧科目的部门，点击【修改】，输入折旧科目代码后，单击【保存】。如图 9-3 所示。

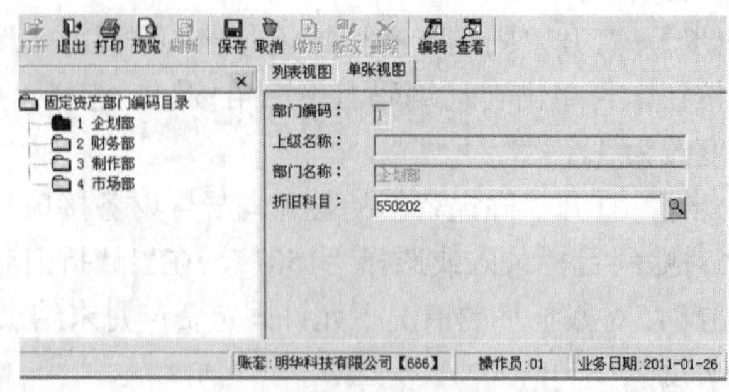

图 9-3 设置部门对应折旧科目

2. 按照表 9-2 要求设置固定资产类别：

表 9-2　固定资产类别

编码	类别名称	计提属性	净残值率	折旧方法	卡片式样
01	交通运输设备	正常计提	5%	平均年限法（一）	通用
011	经营用	正常计提	5%	平均年限法（一）	通用
012	非经营用	正常计提	5%	平均年限法（一）	通用
02	电子设备及其他通信设备	正常计提	4%	平均年限法（一）	通用
021	经营用	正常计提	4%	平均年限法（一）	通用
022	非经营用	正常计提	4%	平均年限法（一）	通用

操作提示：

在“企业门户”中，单击：业务——财务会计——固定资产——设置——资产类别。单击【增加】，输出类别编码名称等数据后单击【保存】，如图 9-4 所示。同理输入其他类别。注：输入二级类别时（如编码为 011 的类别），先在左边选中它的上级类别 01，然后再单击【增加】。

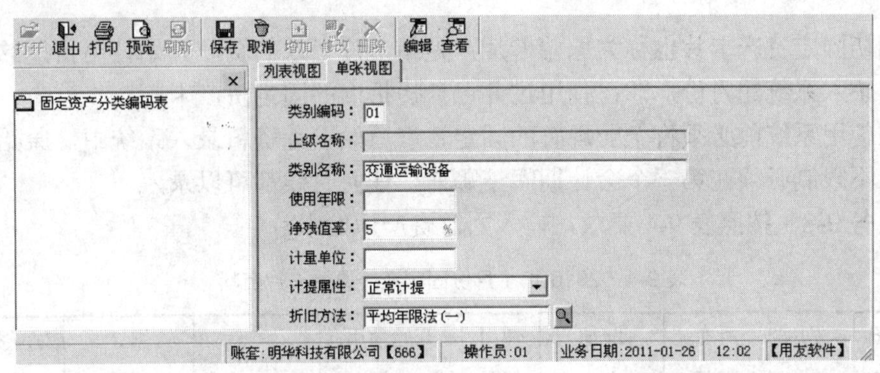

图 9-4　设置资产类别

3. 按照表 9-3 要求设置增减方式的对应科目。

表 9-3　增减方式对应科目

增减方式目录	对应入账科目
增加方式：直接购入	100201
减少方式：毁损	1701

操作提示：

在“企业门户”中，单击：业务——财务会计——固定资产——设置——增减方式。单击【增加方式】、【直接购入】、【修改】，输入科目代码 100201 后，单击【保存】，如图 9-5 所示。同理，设置减少方式的对应科目。

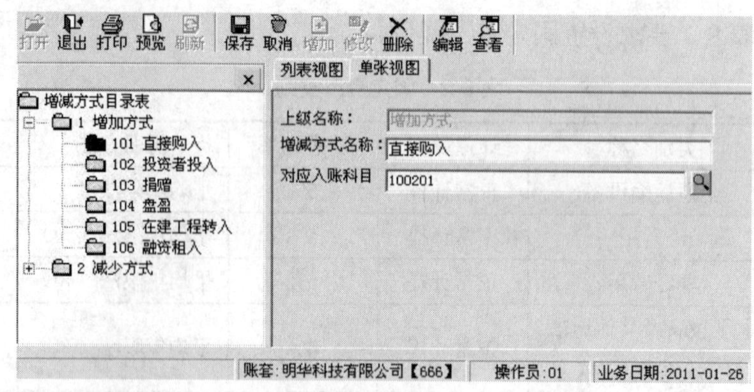

图 9-5 设置增减方式对应科目

4. 折旧方法设置。

是系统自动计算折旧的基础，系统给出了常用的五种折旧方法，用户只能选用，不能删除和修改，用户也可以根据自己的需要进行自定义折旧方法。

5. 使用状况设置。

明确资产的使用状况，便于统计固定资产的使用情况。

三、期初固定资产卡片输入

期初固定资产卡片也称为原始卡片，是指卡片记录的资产开始使用日期的月份大于其录入系统的月份，即已使用过并已计提折旧的固定资产卡片。

在使用系统前必须将企业现有的固定资产原始卡片资料录入系统中，原始卡片的录入不限制必须在第一个会计期间结账前，任何时候都可以录入。

任务 9-3 按照表 9-4 要求，输入固定资产原始卡片

表 9-4 2010 年 1 月份固定资产原始卡片资料

固定资产名称	类别编号	所在部门	增加方式	使用年限	开始使用日期	原值	累计折旧	对应折旧科目名称
轿车	012	企划部	直接购入	6	2009.09.01	189 330	7 153.28	管理费用
手提电脑	022	企划部	直接购入	5	2009.02.01	28 900	4 624.00	管理费用
传真机	022	企划部	直接购入	5	2009.10.01	3 510	112.32	管理费用
微机 01	021	制作部	直接购入	5	2009.11.01	6 490	103.84	制造费用
微机 02	021	制作部	直接购入	5	2009.11.01	6 490	103.84	制造费用
微机 03	021	制作部	直接购入	5	2009.11.01	6 490	103.84	制造费用
微机 04	021	制作部	直接购入	5	2009.11.01	6 490	103.84	制造费用
微机 05	021	制作部	直接购入	5	2009.11.01	6 490	103.84	制造费用
微机 06	021	制作部	直接购入	5	2009.11.01	6 490	103.84	制造费用

使用状况均为在用。

操作提示：

在“企业门户”中，单击：业务——财务会计——固定资产——卡片——录入原始卡片，选择资产类别，如单击选择01交通运输设备的下级非经营用012，然后单击【确认】，打开“固定资产卡片”录入窗口，参照表9-4，录入相关资产信息，单击【保存】，一张卡片录入完毕，如图9-6所示。同理，可以录入其他几张卡片。微机01卡片录入完成后，可在“卡片管理”中把微机01的卡片复制5份，然后在每一份当中只需修改固定资产名称即可，这样可提高录入速度。

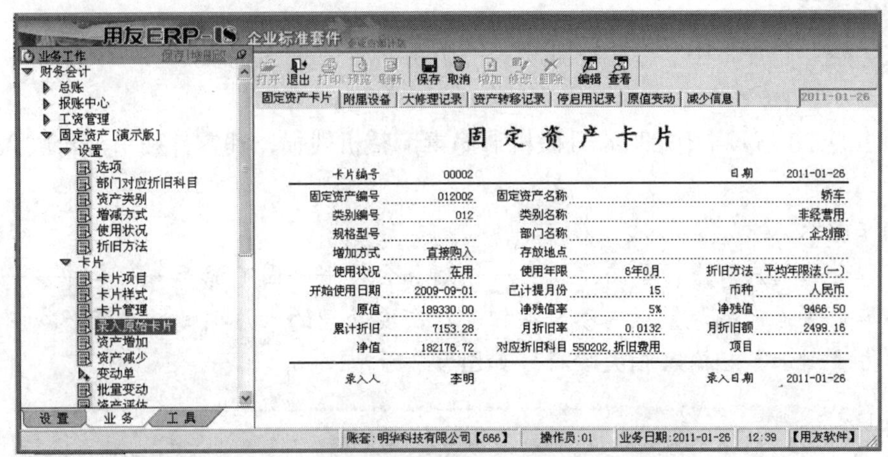

图9-6　输入固定资产卡片资料

注意：

1. 录入各项目内容时通常单击该项目即可弹出参照按钮，可参照录入。

2. “开始使用日期”需严格按照2009-09-01的格式录入。

3. 如果录入有错，可以先取消当前录入的卡片，进入查看状态下，点击【编辑】，通过“上一个/下一个”来查找到有错误的卡片，点击【修改】进行更正。（复制亦要采用这种方法）

第三节　日常业务处理

固定资产子系统的日常业务处理主要是固定资产增减处理、固定资产变动处理、计提折旧、生成记账凭证、账表管理及期末业务处理。

一、固定资产增减处理

固定资产增加即新增加固定资产卡片，在系统日常使用过程中，可能会购进或通过其他方式增加企业资产，该部分资产通过资产增加操作录入系统。当固定资产开始使用日期的会计期间=录入会计期间时，才能通过资产增加录入。新卡片第一个月不提折旧，折旧额为空或零。

资产在使用过程中，总会由于各种原因，如毁损、出售、盘亏等，退出企业，该部分操作称为“资产减少”。本系统提供资产减少的批量操作，为同时清理一批资产提供方便。若当前账套设置了计提折旧，则需在计提折旧后才可执行资产减少。

任务 9-4　固定资产增加和减少

1. 1 月 19 日，市场部因业务需要，经申请获得批准后购买客货两用汽车一辆，全部价值支出 160 000 元，预计使用年限 6 年；手提电脑一台，全部价值支出 18 900 元，预计使用 5 年。

操作提示：

在“企业门户”中，单击：业务——财务会计——固定资产——卡片——资产增加。

2. 1 月 20 日，制作部 04 号微机遇病毒，整机毁损，其零件残值变价收入 500 元现金。

操作提示：

在“企业门户”中，单击：业务——财务会计——固定资产——卡片——资产减少。单击【资产编号】后的参照按钮，双击要处理的卡片项目，在资产减少对话框中单击【增加】后输入相关资料。如图 9-7 所示。

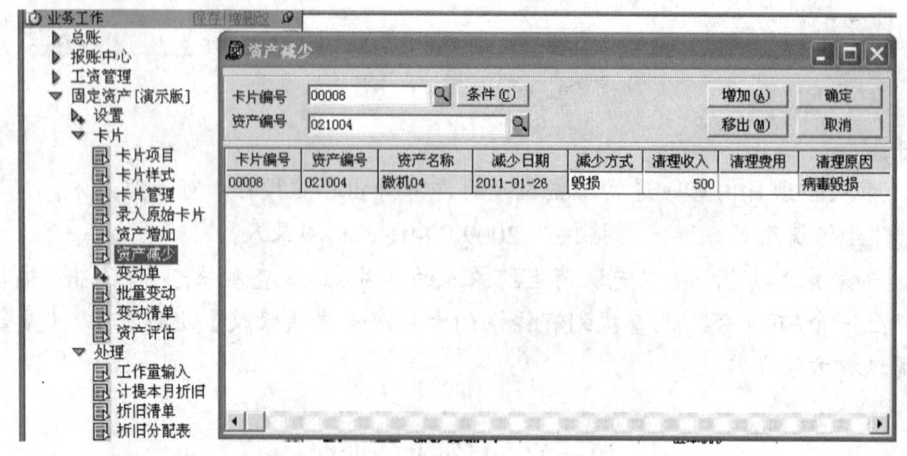

图 9-7　资产减少处理

二、固定资产变动处理

固定资产在使用过程中，可能会调整卡片上一些项目，固定资产子系统把与计算和报表汇总有关的项目调整称为资产变动操作，此类操作必须留下原始凭证，制作的原始凭证称为变动单。资产变动主要包括：原值变动、部门转移、使用状况变动、使用年限调整、折旧方法调整、净残值（率）调整、工作总量调整、累计折旧调整、资产类别调整、计提固定资产减值准备、转回固定资产减值准备、变动单管理。其他项目的修改，如名称、编号、自定义项目等的变动等可直接在卡片上进行。发生资产变动需要进行如下处理：

1. 填制资产变动单，系统自动调整有关卡片内容。

2. 原值变动、部门转移、累计折旧调整引起的资产变动要编制有关记账凭证并传递到总账系统，据以登记有关账簿。

任务 9-5　1 月 26 日，因市场推广需要，企划部的传真机调拨到市场部使用。

操作提示：

在"企业门户"中，单击：业务——财务会计——固定资产——卡片——变动单——部门转移。选择变动后部门、输入变动原因，单击【保存】，如图 9-8 所示。

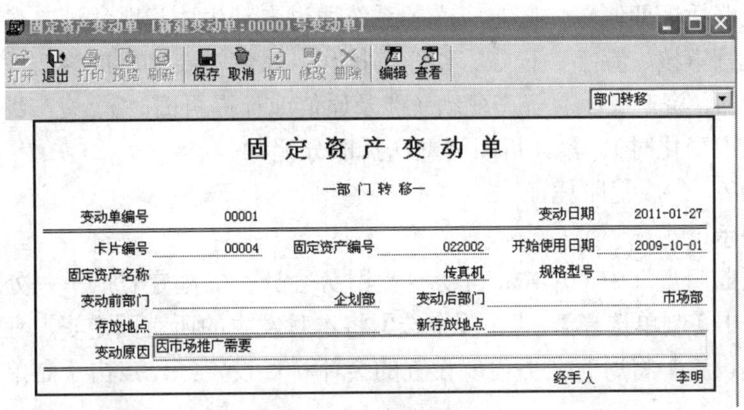

图 9-8　固定资产变动单

注意：当月录入或者增加的资产不得进行变更，故此任务只是为了做提醒之用，可以不进行操作。

三、计提折旧

自动计提折旧是固定资产子系统的主要功能之一，系统每期计提折旧 1 次，根据录入系统的资料自动计算每项固定资产的折旧，并自动生成折旧分配表，然后制作记账凭证，将本期的折旧费用自动登账。

注意：

1. 固定资产子系统在一个期间内可以多次计提折旧，每次计提折旧后，只是将计提的折旧累加到月初的累计折旧中，不会重复累计。

2. 如果上次计提折旧已制单，并把数据传递到总账系统，则必须删除该凭证才能重新计提折旧。

3. 计提折旧后又对账套进行了影响折旧计算或分配的操作，必须重新计提折旧，否则系统不允许结账。

4. 计提折旧后可以立即编制记账凭证，也可以在批量制单中进行记账凭证的编制。

任务 9-6 计提本月折旧

操作提示：

在“企业门户”中，单击：业务——财务会计——固定资产——处理——计提本月折旧，“计提折旧后是否查看折旧清单”选择“否”，在“折旧分配表”中单击“凭证”，将凭证设置完整后保存即可。

注意：当月增加的资产不提折旧，当月减少的资产照提折旧，不提取折旧不能减少资产。

四、生成记账凭证

生成记账凭证即制单。固定资产子系统通过自动生成记账凭证，传递给总账子系统，再进行审核、签字、记账、结账等操作。系统需要制单或修改凭证的情况包括：资产增加、资产减少、资产变动（涉及原值或计提折旧时）、资产评估（涉及原值或计提折旧变化时）、累计折旧调整、折旧分配。

任务 9-7 生成记账凭证

操作提示：

在“企业门户”中，单击：业务——财务会计——固定资产——处理——批量制单。先点击【制单选择】，点击【全选】将本月发生的所有固定资产业务选择；再点击【制单设置】将所有业务需要设置的会计科目设置好，点击【制单】即可自动生成凭证。

五、期末业务处理

固定资产子系统的期末业务处理包括对账和月末结账。

1. 对账。

对账功能只有在设置了“与账务系统对账”控制参数才可以使用。若想在固定资产子系统与总账子系统对账不平的情况下也能结账，需要在控制参数设置时选中“在对账不平情况下允许固定资产月末结账”选项。

2. 月末结账。

当固定资产子系统完成了本月全部增减变动业务的处理、计提完本月的折旧并完成全部业务的制单后就可以开始月末结账。月末结账每月进行一次，在月末结账时系统自动进行对账并提供对账报告。月末结账后当期的数据就不能再进行修改，如有错误，必须运行“固定资产——处理——恢复月末结账前状态”后再进行相应修改。

注意：因为固定资产发生业务所填制的凭证，在总账模块中没有进行记账处理，故固定资产与总账模块对账不平衡，无法结账。可以先到总账模块中对固定资产模块中生成的凭证进行记账（需要换 02 操作员对 01 操作员生成的凭证进行审核，否则无法记账），然后再返回固定资产模块进行结账处理。

练　习　题

一、单选题

1. 下面不属于固定资产子系统初始化内容的是（　　）。

A. 启用月份　　B. 编码方式

C. 增减方式设置　　D. 账务接口

2. 固定资产使用年限减少，要做（　　）处理。

A. 资产增加　　B. 资产减少　　C. 资产变动　　D. 资产核销

3. 固定资产变动包括（　　）。

A. 部门转移　　B. 净残值调整　　C. 工作量调整　　D. 三者都是

4. 固定资产的核算的主要任务包括计算、汇总和分配固定资产的（　　）。

A. 生产成本　　B. 工作时间　　C. 原值　　D. 折旧费用

5. 固定资产账套启用（　　）的所有固定资产在启用系统的当月都应由系统计提折旧。

A. 前　　B. 后　　C. 两者都要　　D. 两者都不要

6. 固定资产核算系统中，执行（　　）操作后，才能开始处理下一个月的业务。

A. 生成凭证　　B. 账簿输出　　C. 结账　　D. 对账

7. 固定资产系统通过（　　）形式传递到总账系统。

A. 原始卡片　　B. 凭证　　C. 账簿　　D. 报表

8. 固定资产子系统在一个期间内可以计提折旧（　　）

A. 1 次　　B. 2 次　　C. 3 次　　D. 多次

二、多选题

1. 固定资产子系统使用前的准备工作有（　　）

A. 规范固定资产的基础数据和历史数据

B. 规范固定资产数据的收集方法

C. 确定折旧方法

D. 规范信息输出

2. 固定资产管理子系统一般具备如下功能（　　）

A. 系统初始设置　　B. 基础资料录入

C. 固定资产数据输出　　D. 资产变动

3. 固定资产管理子系统的基础设置包括（　　）

A. 启用月份　　B. 部门档案　　C. 使用状况　　D. 对应折旧科目

4. 固定资产管理子系统的哪些增减变动需要重新计提折旧（　　）。

A. 固定资产增加　　B. 增减固定资产原值

C. 固定资产名称变动　　D. 输入固定资产原始卡片

三、判断题

1. 固定资产管理子系统的启用月份是根据用户登录固定资产模块的日期自动设置的，无法更改。（　　）

2. 资产类别设置属于固定资产管理子系统的初始化设置。（　　）

3. 固定资产管理子系统给出了常用的五种折旧方法，用户可以选用，也可以修改。（　　）

4. 期初固定资产卡片也叫原始卡片，就是已使用过并已计提折旧的固定资产卡片。（　　）

5. 原始卡片只能在第一个会计期间结账前录入。（　　）

6. 当要录入的原始卡片大部分内容相同时，可以通过复制再修改的方式录入。（　　）

7. 固定资产增加时可新增加固定资产卡片，新卡片第一个月不提折旧。（　　）

8. 若当前账套设置了计提折旧，则需在计提折旧后才可执行资产减少。（　　）

9. 当月录入或者增加的资产不得进行变更。（　　）

10. 固定资产子系统在一个期间内可以多次计提折旧，每次计提折旧后，计提的折旧会重复累计。（　　）

11. 资产变动单可以修改，不可以删除。（　　）

12. 只有计提折旧后才可以进行资产减少。（　　）

13. 当固定资产的使用部门改变时，需制作相应的记账凭证在账务处理系统中登记。（　　）

14. 固定资产核算系统中，新录入系统的固定资产在录入当月都不提折旧。（　　）

四、思考题

1. 固定资产子系统的主要任务是什么？

2. 固定资产子系统初始化设置都设置了哪些内容？

3. 固定资产子系统的基础设置包含哪些内容？

4. 固定资产子系统的日常业务有哪些？

实验作业

实验一　系统管理和基础设置

【实验目的】

1. 掌握用友 ERP-U8 管理软件中系统管理和基础设置的相关内容。

2. 理解系统管理在整个系统中的作用及基础设置的重要性。

【实验内容】

1. 建立单位账套。

2. 增加操作员。

3. 进行财务分工。

4. 输入基础信息。

5. 备份账套数据。

6. 修改账套参数。

【实验准备】

1. 已正确安装用友 ERP-U8 管理软件。

2. 设置系统日期格式，操作步骤如下：

（1）执行“开始—设置—控制面板”命令，进入【控制面板】窗口。

（2）双击其中的【区域选项】图标，进入【区域选项】窗口。

（3）单击【日期】选项卡。

（4）单击【短日期样式】下拉列表框，选择下拉列表中的“yyyy-MM-dd”选项。

（5）单击【确定】按钮返回。

【实验资料】

1. 账套资料。

（1）账套信息

账套号：007；账套名称：北京阳光信息技术有限公司：采用默认账套路径；启用会计期：2012.01；会计期间设置：默认。

（2）单位信息

单位名称：北京阳光信息技术有限公司；单位简称：阳光公司：单位地址：北京海淀区信息路 999 号：法人代表：肖剑；邮政编码：100888；联系电话及传真：62898899；税号：110108201211013。

（3）核算类型

该企业的记账本位币：人民币（RMB）；企业类型：工业；行业性质：2007 新会计制度：账套主管：陈明；选中【按行业性质预置科目】复选框。

（4）基础信息

该企业有外币核算，进行经济业务处理时，需要对存货、客户、供应商进行分类。

（5）分类编码方案

该企业的分类方案如下。

存货分类编码级次：1223

客户和供应商分类编码级次：223

收发类别编码级次：12

部门编码级次：122

结算方式编码级次：12

地区分类编码级次：223

科目编码级次：4222

（6）数据精度

该企业对存货数量、单价小数位定为 2。

（7）系统启用

启用总账系统，启用时间为 2012.01.01

2. 财务分工。

编号	姓名	口令	确认口令	所属部门	权限
001	陈明	1	1	财务部	账套主管
002	王晶	2	2	财务部	出纳、出纳签字
003	马方	3	3	财务部	总账管理、应收款管理、应付款管理
004	白雪	4	4	采购部	公共单据、公用目录设置、应收款管理、应付款管理、总账管理、采购管理、销售管理、库存管理、存货核算
005	王丽	5	5	销售部	同白雪

（1）001 陈明（口令：1）

角色：账套主管。

负责财务业务一体化管理系统运行环境的建立，以及各项初始设置工作；负责管理软件的日常运行管理工作，监督并保证系统的有效、安全、正常运行；负责总账管理系统的凭证审核、记账、账簿查询、月末结账工作；负责报表管理及其财务分析工作。

具有系统所有模块的全部权限。

（2）002 王晶（口令：2）角色：出纳。负责现金、银行账管理工作。具有总账——凭证——出纳签字总账——出纳”的操作权限。

（3）003 马方（口令：3）

角色：总账会计、应收会计、应付会计。

负责总账系统的凭证管理工作以及客户往来和供应商往来管理工作。

具有总账管理、应收款管理、应付款管理的全部操作权限。

（4）004 白雪（口令：4）

角色：采购主管、仓库主管、存货核算员。

主要负责采购业务处理。

具有公共单据、公用目录设置、应收款管理、应付款管理、总账管理、采购管理、销售管理、库存管理、存货核算的全部操作权限。

（5）005 王丽（口令：5）

角色：销售主管、仓库主管、存货核算员。

主要负责销售业务处理。

权限同白雪。

3. 设置基础档案。

北京阳光信息技术有限公司分类档案资料如下。

（1）部门档案

部门编码	部门名称	部门属性
1	管理中心	管理部门
101	总经理办公室	综合管理
102	财务部	财务管理
2	供销中心	供销管理
201	销售部	市场营销
202	采购部	采购供应
3	制造中心	生产部门
301	一车间	生产制造
302	二车间	生产制造

（2）人员类别

本企业在职人员分为 4 类。

分类编码	分类名称
1001	企业管理人员
1002	经营人员
1003	车间管理人员
1004	生产人员

（3）人员档案

人员编号	人员姓名	性别	行政部门	人员类别	是否业务员	是否操作员	对应操作员编码
101	肖剑	男	总经理办公室	企业管理人员	是	是	
102	陈明	男	财务部	企业管理人员	是	是	001
103	王晶	女	财务部	企业管理人员	是	是	002
104	马方	女	财务部	企业管理人员	是	是	003
201	王丽	女	销售部	经营人员	是	是	005
202	孙健	男	销售部	经营人员	是	是	
211	白雪	女	采购部	经营人员	是	是	004
212	李平	男	采购部	经营人员	是	是	

（4）客户分类

分类编码	分类名称
01	批发
02	零售
03	代销
04	专柜

（5）供应商分类

分类编码	分类名称
01	原料供应商
02	产品供应商

（6）地区分类

地区分类	分类名称
01	东北地区
02	华北地区
03	华东地区
04	华南地区
05	西北地区
06	西南地区

（7）客户档案

客户编号	客户名称/简称	所属分类码	所属地区	税号	开户银行（默认值）	账号	地址	邮政编码	扣率	分管部门	分管业务员
001	华宏公司	01	02	120009884732788	工行土地分行	73853654	北京市海淀区土地路1号	100077	5	销售部	王丽
002	昌新贸易公司	01	02	120008456732310	工行华苑分行	69325581	天津市南开区华苑路1号	300310		销售部	王丽
003	精益公司	04	03	310106548765432	工行徐汇分行	36542234	上海市徐汇区天平路8号	200032		销售部	孙健
004	利氏公司	03	01	108369856003251	中行平房分行	43810548	哈尔滨市平房区和平路116号	150008	10	销售部	孙健

（8）供应商档案

供应商编号	供应商名称	所属分类码	所属地区	税号	开户银行	银行账号	邮编	地址	分管部门	分管业务部
001	兴华公司	01	02	110567453698462	中行	48723367	100045	北京市朝阳区十里堡8号	采购部	白雪
002	建昌公司	01	02	110479865267583	中行	76473293	100036	北京市海淀区开拓路108号	采购部	白雪
003	泛美商行	02	03	320888465372657	工行	55561278	230187	南京市湖北路100号	采购部	李平
004	艾德公司	02	03	310103695431012	工行	85115076	200232	上海市浦东新区东方路1号甲	采购部	李平

【实验要求】

1. 以系统管理员（admin）的身份，进行增加操作员、建立账套、财务分工、备份账套操作。

2. 以账套主管“陈明”的身份，进行系统启用、基础档案设置、账套数据修改操作。

实验二　总账管理系统初始设置

【实验目的】

1. 掌握用友 ERP-U8 管理软件中总账管理系统初始设置的相关内容。

2. 理解总账管理系统初始设置的意义。

3. 掌握总账管理系统初始设置的具体内容和操作方法。

【实验内容】

1. 总账管理系统参数设置。

2. 基础档案设置：会计科目、凭证类别、外币及汇率、结算方式、辅助核算档案等。

3. 期初余额录入。

【实验准备】

引入“实验一”账套数据。其操作步骤如下：

（1）以系统管理员的身份注册进入系统管理，执行“账套—引入”命令，打开“请选择账套备份文件”对话框。

（2）选择“实验一”账套数据所在的磁盘驱动器，列表框中显示该磁盘驱动器中所包含的全部文件夹，依次双击存放账套数据的各文件夹，找到账套文件 UfErpAcL.Lst，单击【确定】按钮，系统提示用户确认账套引入的目录，单击【确定】按钮，打开“请选择账套引入的目录”对话框，用户可以选择账套引入的具体路径，单击【确定】按钮，如果系统内已存在该账套号账套，系统会再次提示要求用户确认是否覆盖已存在信息，单击【是】按钮，覆盖信息；单击【否】按钮，不覆盖信息。

【实验资料】

1. 总账控制参数

选项卡	参数设置
凭证	制单序时控制 支票控制 赤字控制：资金及往来科目 可以使用应收款、应付款、存货受控科目 取消“现金流量科目必录现金流量项目”选项 凭证编号方式采用系统编号
账簿	账簿打印位数按软件的标准设定 明细账打印按年排页
凭证打印	打印凭证页脚姓名
预算控制	超出预算允许保存

续表

选项卡	参数设置
权限	出纳凭证必须经由出纳签字 允许修改、作废他人填制的凭证 可查询他人凭证 明细账查询权限控制到科目
会计日历	会计日历为 1 月 1 日～12 月 31 日 数量小数位和单价小数位设置为 2 位
其他	外币核算采用固定汇率 部门、个人、项目按编码方式排序

2. 基础数据

（1）2012 年 1 月份会计科目及期初余额表

科目名称	辅助核算	方向	币别计量	期初余额
库存现金（1001）	日记	借		6 875.70
银行存款（1002）	银行日记	借		511 057.16
工行存款（100201）	银行日记	借		511 057.16
中行存款（100202）	银行日记	借	美元	
应收账款（1122）	客户往来	借		157 600.00
其他应收款（1231）		借		3 800.00
应收单位款（123101）	客户往来	借		
应收个人款（123102）	个人往来	借		3 800.00
坏账准备（1241）		贷		10 000.00
预付账款（1123）	供应商往来	借		
材料采购（1401）		借		－80 000.00
原材料（1403）		借		1 004 000.00
生产用原材料（140301）	数量核算	借	吨	1 004 000.00
材料成本差异（1404）		借		1 000.00
库存商品（1406）		借		2 554 000.00
委托加工物资（1411）		借		
待摊费用（1501）		借		642.00
报刊费（150101）		借		642.00
固定资产（1601）		借		260 860.00
累计折旧（1602）		贷		47 120.91
在建工程（1604）		借		

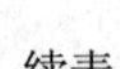
续表

科目名称	辅助核算	方向	币别计量	期初余额
人工费（160401）	项目核算	借		
材料费（160402）	项目核算	借		
其他（160403）	项目核算	借		
固定资产清理（1606）		借		
无形资产（1701）		借		58 500.00
待处理财产损益（1901）		借		
待处理流动资产损益（190101）		借		
待处理固定资产损益（190102）		借		
短期借款（2001）		贷		200 000.00
应付账款（2202）	供应商往来	贷		276 850.00
预收账款（2205）	客户往来	贷		
应付职工薪酬（2211）		贷		8 200.00
职工工资（221101）		贷		
应付福利费（221102）		贷		8 200.00
应交税费（2221）		贷		－16 800.00
应交增值税（222101）		贷		－16 800.00
进项税额（22210101）		贷		－33 800.00
销项税额（22210105）		贷		17 000.00
其他应付款（2241）		贷		2 100.00
预提费用（2401）		贷		
借款利息（240103）		贷		
实收资本（4001）		贷		2 609 052.00
本年利润（4103）		贷		1 478 000.00
利润分配（4104）		贷		－119 022.31
未分配利润（410415）		贷		－119 022.31
生产成本（5001）	项目核算	借		17 165.74
直接材料（500101）	项目核算	借		10 000.00
直接人工（500102）	项目核算	借		4 000.74
制造费用（500103）	项目核算	借		2 000.00
折旧费（500104）	项目核算	借		1 165.00
其他（500105）	项目核算	借		
制造费用（5105）		借		

续表

科目名称	辅助核算	方向	币别计量	期初余额
工资（510501）		借		
折旧费（510502）		借		
主营业务收入（6001）		贷		
其他业务收入（6051）		贷		
主营业务成本（6401）		借		
营业税金及附加（6405）		借		
其他业务支出（6402）		借		
销售费用（6601）		借		
管理费用（6602）	部门核算	借		
工资（660201）	部门核算	借		
福利费（660202）	部门核算	借		
办公费（660203）	部门核算	借		
差旅费（660204）	部门核算	借		
招待费（660205）	部门核算	借		
折旧费（660206）	部门核算	借		
其他（660207）	部门核算	借		
财务费用（6603）		借		
利息支出（660301）		借		

说明：

将“库存现金（1001）”科目指定为现金总账科目。

将“银行存款（1002）”科目指定为银行总账科目。

将“库存现金（1001）、工行存款（100201）、中行存款（100202）”指定为现金流量科目。

（2）凭证类别

凭证类别	限制类型	限制科目
收款凭证	借方必有	1001，100201，100202
付款凭证	贷方必有	1001，100201，100202
转账凭证	凭证必无	1001，100201，100202

（3）外币及汇率

币符：USD；币名：美元；固定汇率 1∶8.275（此汇率只供演示使用）。

（4）项目目录

项目设置步骤	设置内容
项目大类	生产成本
核算科目	生产成本（5001） 直接材料（500101） 直接人工（500102） 制造费用（500103） 折旧费（500104） 其他（500105）
项目分类	自行开发项目 委托开发项目
项目名称	普通打印纸－A4 所属分类码 1 凭证套打纸－8X 所属分类码 1

（5）结算方式

结算方式编码	计算方式名称	票据管理
1	现金结算	否
2	支票结算	否
201	现金支票	是
202	转账支票	是
9	其他	否

（6）数据权限分配

操作员“白雪”只具有应收账款、预付账款、应付账款、预收账款、其他应收款等5个科目的明细账查询权限。具有所有部门的查询和录入权限。（注：先在“数据权限控制设置”里选择业务对象，再到“数据权限控制”中进行授权）

3. 期初余额

（1）总账期初余额表

见《2012年1月份会计科目及期初余额表》。

（2）辅助账期初余额表

会计科目：123102　其他应收款——应收个人款　　余额：借 3 800 元

日期	凭证号	部门	个人	摘要	方向	期初余额
2011-12-26	付-118	总经理办公室	肖剑	出差借款	借	2 000.00
2011-12-27	付-156	销售部	孙健	出差借款	借	1 800.00

会计科目：1122　应收账款　　余额：借 157 600 元

日期	凭证号	客户	摘要	方向	金额	业务员	票号	票据日期
2011-12-25	转-118	华宏公司	销售商品	借	99 600.00	孙健	P111	2011.12.25
2011-12-10	转-15	昌新贸易公司	销售商品	借	58 000.00	孙健	Z111	2011.12.10

会计科目： 2202 应付账款 余额：贷 276 850 元

日期	凭证号	客户	摘要	方向	金额	业务员	票号	票据日期
2011-11-20	转-45	兴华公司	购买原材料	贷	276 850.00	李平	C000	2011.11.20

会计科目： 4101 生产成本 余额：借 17 165.74 元

科目名称	普通打印纸-A4	凭证套打纸－8X	合计
直接材料（500101）	4 000.00	6 000.00	10 000.00
直接人工（500102）	1 500.00	2 500.74	4 000.74
制造费用（500103）	800.00	1 200.00	2000.00
折旧费（500104）	500.00	665.00	1 165.00
合计	6 800.00	10 365.74	17 165.74

【实验要求】

以账套主管“陈明”的身份进行总账初始设置。

实验三 总账管理系统日常业务处理

【实验目的】

1. 掌握用友 ERP-U8 管理软件中总账管理系统日常业务处理的相关内容。
2. 熟悉总账管理系统日常业务处理的各种操作。
3. 掌握凭证管理、出纳管理和账簿管理的具体内容和操作方法。

【实验内容】

1. 凭证管理：填制凭证、审核凭证、凭证记账的操作方法。
2. 出纳管理：出纳签字、现金、银行存款日记账和资金日报表的查询。
3. 账簿管理：总账、科目余额表、明细账、辅助账的查询方法。

【实验准备】

引入“实验二”账套数据。

【实验资料】

1. 凭证管理

2012 年 1 月份企业发生的经济业务如下：

（1）1 月 2 日，采购部王丽购买了 200 元的办公用品，以现金支付，附单据一张。

借：营业费用（6601） 200

　　贷：现金（1001） 200

（2）1 月 3 日，财务部王晶从工行提取现金 10 000 元，作为备用金，现金支票号 XJ001。

借：库存现金（1001）　　10 000

　　贷：银行存款——工行存款（100201）　　10 000

（3）1 月 5 日，收到兴华集团投资资金 10 000 美元，汇率 1：8.275，转账支票号 ZZW001。

借：银行存款——中行存款（100202）　　82 750

　　贷：实收资本（4001）　　82 750

（4）1 月 8 日，采购部白雪采购原纸 10 吨，每吨 5 000 元，材料直接入库，货款以银行存款支付，转账支票号 ZZR001。

借：原材料——生产用原材料（140301）　　50 000

　　贷：银行存款——工行存款（100201）　　50 000

（5）1 月 12 日，销售部王丽收到华宏公司转来一张转账支票，金额 99 600 元，用以偿还前欠货款，转账支票号 ZZR002。

借：银行存款——工行存款（100201）　　99 600

　　贷：应收账款（1122）　　99 600

（6）1 月 14 日，采购部白雪从兴华公司购入“管理革命”光盘 100 张，单价 80 元，货税款暂欠，商品已验收入库，适用税率 17%。

借：库存商品（1406）　　8 000

　　应交税费——应交增值税/进项税额（22210101）　　1 360

　　贷：应付账款（2202）　　9 360

（7）1 月 16 日，总经理办公室支付业务招待费 1200 元，转账支票号 ZZR003。

借：管理费用——招待费（660205）　　1 200

　　贷：银行存款——工行存款（100201）　　1 200

（8）1 月 18 日，总经理办公室肖剑出差归来，报销差旅费 2000 元，交回现金 200 元。

借：管理费用——差旅费（660204）　　1 800

　　库存现金（1001）　　200

　　贷：其他应收款（123102）　　2 000

（9）1 月 20 日，一车间领用原纸 5 吨，单价 5000 元，用于生产普通打印纸-A4。

借：生产成本——直接材料（500101）　　25 000

　　贷：原材料——生产用原材料（140301）　　25 000

2. 出纳管理

1 月 25 日，采购部李平借转账支票一张，票号 ZZR005，预计金额 5 000 元。

【实验要求】

1. 以“马方”的身份进行凭证的填制操作。

2. 以“王晶”的身份进行出纳操作。

3. 以“陈明”的身份进行审核、记账操作。

实验四　总账管理系统期末处理

【实验目的】

1. 掌握用友 ERP-U8 管理软件中总账管理系统月末处理的相关内容。
2. 熟悉总账管理系统月末处理业务的各种操作。
3. 掌握银行对账、自动转账设置与生成、对账和月末结账的操作方法。

【实验内容】

1. 银行对账。
2. 自动转账。
3. 对账。
4. 结账。

【实验准备】

引入“实验三”账套数据。

【实验资料】

1. 银行对账

（1）银行对账期初

阳光公司银行账的启用日期为 2012.01.01，工行人民币户企业日记账调整前余额为 511 057.16 元，银行对账单调整前余额为 533 829.16 元，未达账项一笔，系银行已收企业未收款 22 772 元。

（2）银行对账单

1 月份银行对账单

日期	结算方式	票号	借方金额	贷方金额
2012.01.03	201	XJ001		10 000
2012.01.06				60 000
2012.01.10	202	ZZR001		50 000
2012.01.14	202	ZZR002	99 600	

2. 自动转账定义及生成

业务 1：摊销本月应负担的报刊费　　　　　　JG（）

借：管理费用——其他（660207）

　　贷：待摊费用——报刊费（150101）　　　　　　642/12

业务 2：按短期借款期末余额的 0.2%计提短期

借：财务费用——利息支出（660301）　　　　QM（2101，月）*0.002

贷：预提费月（240103） JG（）

【实验要求】

1. 登录注册时，将操作日期改为2012.03.31。
2. 以“王晶”的身份进行银行对账操作。
3. 以“马方”的身份进行自动转账操作。
4. 以“陈明”的身份进行审核、记账、对账、结账操作。

实验五 UFO报表管理

【实验目出】

1. 理解报表编制的原理及流程。
2. 掌握报表格式定义、公式定义的操作方法；掌握报表单元公式的用法。
3. 掌握报表数据处理、表页管理及图表功能等操作。
4. 掌握如何利用报表模板生成一张报表。

【实验内容】

1. 自定义一张报表。
2. 利用报表模板生成报表。

【实验准备】

引入“实验四”账套数据。

【实验资料】

1. 货币资金表

（1）报表格式

货币资金表

编制单位： 年 月 日 单位：元

项目	行次	期初数	期末数
现金	1		
银行存款	2		
合计	3		

制表人：

说明：

表头。标题“货币资金表”设置为黑体、14号、居中。单位名称和年、月、日应设置为关键字。

表体。表体中文字设置为楷体、12号、居中。

表尾。“制表人：”设置为宋体、10号、右对齐第4栏。

（2）报表公式

现金期初数：C4＝QC（"1001"，月）

现金期末数：D4＝QM（"1001"，月）

银行存款期初数：C5＝QC（"1002"，月）

银行存款期末数：D5＝QM（"1002"，月）

期初数合计：C6＝C4+C5

期末数合计：D6＝D4+D5

2. 资产负债表和利润表

利用报表模板生成资产负债表、利润表。

3. 现金流量表主表

利用报表模板生成现金流量表主表。

【实验要求】

以账套主管“陈明”的身份进行 UFO 报表管理操作。

实验六　工资管理

【实验目的】

掌握用友 ERP-U8 管理软件中工资管理系统的相关内容。

掌握工资管理系统初始化、日常业务处理、工资分摊及月末处理的操作。

【实验内容】

工资管理系统初始设置。

工资管理系统日常业务处理。

工资分摊及月末处理。

工资管理系统数据查询。

【实验准备】

引入“实验二”账套数据。

【实验资料】

建立工资账套

工资类别个数：多个；核算计件工资；核算币种：人民币 RMB；要求代扣个人所得税；不进行扣零处理，人员编码长度：3 位；启用日期：2012 年 01 月。

基础信息设置

工资项目设置

项目名称	类型	长度	小数位数	增减项
基本工资	数字	8	2	增项
奖励工资	数字	8	2	增项

续表

项目名称	类型	长度	小数位数	增减项
交补	数字	8	2	增项
应发合计	数字	10	2	增项
请假扣款	数字	8	2	减项
养老保险金	数字	8	2	减项
扣款合计	数字	10	2	减项
实发合计	数字	10	2	增项
代扣税	数字	]0	2	减项
请假天数	数字	8	2	其他

人员档案设置

工资类别 1：正式人员。

部门选择：所有部门。

工资项目：基本工资、奖励工资、交补、应发合计、请假扣款、养老保险金、扣款合计、实发合计、代扣税、请假天数。

计算公式：

工资项目	定义公式
请假扣款	请假天数*20
养老保险金	（基本工资+奖励工资）*0.05
交补	Iff（人员类别＝“企业管理人员”OR 人员类别＝“车间管理人员”，100，50）

人员档案：

人员编号	人员姓名	部门名称	人员类别	账号	中方人员	是否计税	核算计件工资
101	肖　剑	总经理办公室	企业管理人员	20120010001	是	是	否
102	陈　明	财务部	企业管理人员	20120010002	是	是	否
103	王　晶	财务部	企业管理人员	20120010003	是	是	否
104	马　方	财务部	企业管理人员	20120010004	是	是	否
201	王　丽	销售部	经营人员	20120010005	是	是	否
202	孙　健	销售部	经营人员	20120010006	是	是	否
211	白　雪	采购部	经营人员	20120010007	是	是	否
212	李　平	采购部	经营人员	20120010008	是	是	否
301	周　月	一车间	车间管理人员	20120010009	是	是	否
302	孟　强	一车间	生产工人	20120010010	是	是	否

注：以上所有人员的代发银行均为工商银行中关村分理处。

工资类别 2：临时人员。

部门选择：制造中心。

工资项目：计件工资。

人员编号	人员姓名	部门名称	人员类别	账号	中方人员	是否计税	计件工资
311	罗江	一车间	生产工人	20120010031	是	是	是
321	刘青	二车间	生产工人	20120010032	是	是	是

银行名称

工商银行中关村分理处；账号定长为 11。

工资标准

计件工资标准：工时。

工时档案包括两项：01 组装；02 检验。

计件工资方案设置

部门	方案编号	方案名称	工时	计件单价
一车间	01	组装工时	组装	12.00
二车间	02	检验工时	检验	8.00

工资数据

（1）1 月初人员工资情况

正式人员工资情况如下表。

姓名	基本工资	奖励工资
肖剑	5 000.00	500.00
陈明	3 000.00	300.00
王晶	2 000.00	200.00
马方	2 500.00	200.00
王丽	4 500.00	450.00
孙健	3 000.00	300.00
白雪	3 000.00	300.00
李平	2 000.00	200.00
周月	4 500.00	450.00
孟强	3 500.00	350.00

临时人员工资情况如下表。

姓名	日期	组装工时	检验工时
罗江	2011.01.31	180	
刘青	2011.01.31		200

（2）1 月份工资变动情况

考勤情况：王丽请假 2 天；白雪请假 1 天。

人员调动情况：因需要，决定招聘李力（编号 213）到采购部担任经营人员，以补充力量,其基本工资 2 000 元，无奖励工资，代发工资银行账号：20120010011。

发放奖金情况：因去年销售部推广产品业绩较好，每人增加奖励工资 200 元。

代扣个人所得税

计税基数 3 500 元。

工资分摊

应付工资总额等于工资项目“实发合计”，应付福利费、工会经费、职工教育经费、养老保险金也以此为计提基数。

工资费用分配的转账分录如下表。

<table>
<tr><th colspan="2" rowspan="2">工 资 分 摊
部　　门</th><th colspan="2">应付工资</th><th colspan="2">应付福利费（14%）</th><th colspan="2">工会经费（2%）、职工教育经费（1.5%）</th></tr>
<tr><th>借方科目</th><th>贷方科目</th><th>借方科目</th><th>贷方科目</th><th>借方科目</th><th>贷方科目</th></tr>
<tr><td>总经理办公室财务部</td><td>企业管理人员</td><td>550201</td><td>2151</td><td>550202</td><td>2153</td><td rowspan="4">550207</td><td rowspan="4">2181</td></tr>
<tr><td>销售部采购部</td><td>经营人员</td><td>5501</td><td>2151</td><td>5501</td><td>2153</td></tr>
<tr><td rowspan="2">一车间</td><td>车间管理人员</td><td>410501</td><td>2151</td><td>410501</td><td>2153</td></tr>
<tr><td>生产工人</td><td>410102</td><td>2151</td><td>410102</td><td>2153</td></tr>
</table>

【实验要求】

以账套主管“陈明”的身份进行工资业务处理。

实验七　固定资产管理

【实验目的】

掌握用友 ERP-U8 管理软件中固定资产管理系统的相关内容。

掌握固定资产管理系统初始化、日常业务处理、月末处理的操作。

【实验准备】

引入“实验二”账套数据。

【实验内容】

固定资产管理系统参数设置、原始卡片录入。

日常业务：资产增减、资产变动、资产评估、生成凭证、账表查询。

月末处理：计提减值准备、计提折旧、对账和结账。

【实验资料】

初始设置

控制参数

控制参数	参数设置
约定与说明	
启用月份	2012.01
折旧信息	本账套计提折旧 折旧方法：平均年限法 折旧汇总分配周期：1 个月 当（月初已计提月份＝可使用月份－1）时，将剩余折旧全部提足
编码方式	资产类别编码方式：2112 固定资产编码方式： 按“类别编码+部门编码+序号”自动编码 卡片序号长度为 3
财务接口	与账务系统进行对账 对账科目： 固定资产对账科目：固定资产（1501） 累计折旧对账科目：累计折旧（1502）
补充参数	业务发生后立即制单 月末结账前一定要完成制单登账业务 固定资产默认入账科目：1501 累计折旧默认入账科目：1502 减值准备默认入账科目：1505

资产类别

编码	类别名称	净残值率	单位	计提属性
01	交通运输设备	4%		正常计提
011	经营用设备	4%		正常计提
012	非经营用设备	4%		正常计提

续表

编码	类别名称	净残值率	单位	计提属性
02	电子设备及其他通信设备	4%		正常计提
021	经营用设备	4%	台	正常计提
022	非经营用设备	4%	台	正常计提

部门及对应折旧科目

部门	对应折旧科目
管理中心、采购部	管理费用/折旧费
销售部	营业费用
制造中心	制造费用/折旧费

增减方式的对应入账科目

增减方式目录	对应入账科目
增加方式	
直接购入	工行存款（100201）
减少方式	
毁损	固定资产清理（1701）

原始卡片

固定资产名称	类别编号	所在部门	增加方式	可用年限	开始使用日期	原值	累计折旧	对应折旧科目名称
轿车	012	总经理办公室	直接购入	6	2011.06.01	215 470.00	37254.75	管理费用/折旧费
笔记本电脑	022	总经理办公室	直接购入	5	2011.07.01	28 900.00	5 548.80	管理费用/折旧费
传真机	022	总经理办公室	直接购入	5	2011.06.01	3 510.00	1 825.20	管理费用/折旧费
计算机	021	一车间	直接购入	5	2011.07.01	6 490.00	1 246.08	制造费用/折旧费
计算机	021	一车间	直接购入	5	2011.07.01	6 490.00	1 246.08	制造费用/折旧费
合 计						260 860.00	47 120.91	

注：净残值率均为4%，使用状况均为“在用”，折旧方法均采用平均年限法（一）。

日常及期末业务

2012年1月份发生的业务如下：

(1) 1月21日，财务部购买扫描仪一台，价值1 500元，净残值率4%，预计使用年限5年。

(2) 1月23日，对轿车进行资产评估，评估结果为原值200 000元，累计折旧45 000元。

(3) 1月31日，计提本月折旧费。

(4) 1月31日，一车间毁损计算机一台。

下月业务

2012年2月份发生的业务如下：

(1) 2月16日，总经理办公室的轿车添置新配件10 000元。

(2) 2月27日，总经理办公室的传真机转移到供应部。

(3) 2月27日，经核查对2011年购入的笔记本电脑计提1 000元的减值准备。

(4) 2月27日，对总经理办公室的资产进行盘点。盘点情况为：只有一辆编号为012101001的轿车。

【实验要求】

以账套主管“陈明”的身份进行固定资产管理操作。

练习题参考答案

第一章

一、单选题

1. A　2. A　3. D　4. C　5. B　6. C　7. C　8. C　9.D
10. D　11. C　12. B　13. D　14. C　15. B　16. C

二、多选题

1. ABC　2. ABCD　3. ABCD　4. ABCD　5. ABCD　6. ABCD
7. ABD　8. ACD　9. ABCD　10. ABC

三、判断题

1. √　2.×　3. √　4. √　5. √　6. √　7.×　8. √　9.×
10. √　11. √

四、思考题（答题要点）

1. 手工会计系统与计算机会计信息系统的异同。

答：两者的相同点：

（1）系统目标一致。

（2）采用的基本会计理论与方法一致。

（3）都要遵守会计和财务制度，以及国家的各项财经法纪，严格贯彻执行会计法规，从措施、技术、制度上堵塞各种可能的漏洞，消除弊端，防止作弊。

（4）系统的基本功能相同。

（5）都要保存会计档案。

（6）编制会计报表的要求相同。

两者的差异：

（1）系统初始化设置工作有差异。

（2）科目的设置和使用上存在差异。

（3）账务处理程序上存在差异。

（4）日记账和明细账功用有所差异。

（5）账簿格式存在差异。

（6）簿记规则上存有差异。

（7）会计报表的编制形式上存在明显差异。

（8）在能否使会计发展为管理型方面存在根本性的区别。

（9）人员、组织体系、内部控制方式、运算工具和信息存贮介质上存在差异。

第二章

一、单选题

1. B　2. A　3. D　4. B　5. D　6. C　7. A　8. A　9. C
10. A　11. B　12. C　13. C　14. A　15. B　16. B　17. A　18. A
19. D

二、多选题

1. ACD　2. AB　3. AC　4. ABC　5. ABD　6. AC

三、判断题

1.×　2. √　3.×　4. √　5. √　6. √　7.×　8. √　9.×
10. √　11.×　12. √　13. √　14. √　15.×　16. √　17.×　18. √

四、思考题（答题要点）

1. 系统启用前需准备哪些数据？

答：系统启用前需要针对企业自身的业务特点对企业当前业务资料、管理资料、业务流程、管理方法等进行整理和规划，做好前期准备工作。包括以下内容：

（1）选定系统中适合本企业的功能和设置方法。

（2）账套基本信息，如账套名称、类别及基本参数等。

（3）业务处理基本原则：如税务登记号开户银行账号等业务处理基本信息、系统操作人员及权限、业务处理的控制措施等原则。

（4）业务资料，如会计科目、币别、客户、部门、职员、供应商等内容。

（5）启用系统前的期初数据，如会计科目期初余额、固定资产卡片、人员工资基本数据等。

（6）准备各账户的未达账项。

（7）确定记账凭证类型。

（8）财务人员的分工准备。

2. 系统管理员（Admin）和账套主管的区别。

答：（1）系统管理员是系统一安装完就存在的，且系统中只有一个；账套主管是由系统管理员创建并指定的，可以有多个。

（2）系统管理员和账套主管都可以注册进行系统管理模块，但两者的权限不一样：

①以“系统管理员”身份注册进入系统，可进行账套的管理（包括账套的建立、引入和输出），但不能修改，修改账套只能由该账套的主管进行；

②系统管理员可及设置操作员并为系统中所有操作员设置权限，而账套主管不能设置操作员，只能改变其所管辖账套操作员权限进行修改。③账套主管可对所管账套的年度账进行管理（包括年度账的创建、清空、引入、输出和年末结转），系统管理员不能管理年度账。

（3）账套主管可以登录企业门户对所管辖账套进行所有操作，系统管理员不能登录企业门户。

3. 系统初始化都需要设置哪些内容？

答：（1）账套管理，包括账套的建立、修改、删除、引入/输出及系统启用等。

（2）年度账管理，包括年度账的建立、引入、输出、清空和结转上年数据等。

（3）系统操作员及操作权限的集中管理，包括设立操作员并为期指定或修改权限。

4. 账套引入导出的意义。

答：由于计算机在运行时经常会受到来自各方面因素的干扰，如人的因素、硬件的因素、软件或计算机病毒等因素，有时会造成会计数据被破坏。因此，“系统管理”中为您提供了“账套输出”功能和“账套引入”功能，用来对会计数据进行备份和恢复。会计数据备份工作可经常进行，在下列情况下，必须做数据备份：每月结账前和业务处理结束后；更新软件版本前；硬盘需要进行格式化；会计年度终了进行结账时。

第三章

一、单选题

1. D　2. A　3. A　4. B　5. C　6. D　7. B　8. B　9. C
10. B　11. B　12. B　13. B　14. C　15. A　16. B　17. A　18. D
19. D　20. D　21. C　22. C　23. C　24. A　25. B　26. D　27. A
28. B

二、多选题

1. AB　2. ABCD　3. BC　4. ABCD　5. ABCD　6. ABCD
7. ABC　8. AB　9. AD　10. ABC

三、判断题

1. √　2. √　3. ×　4. √　5. ×　6. √　7. ×　8. ×　9. √
10. √　11. √　12. ×　13. √　14. ×　15. ×　16. √　17. ×

四、思考题（答题要点）

1. 总账子系统计算机处理流程是怎么的？

答：（1）进行初始设置，建立起日常会计核算需要的基础环境。

（2）填制（输入）记账凭证。

（3）审核已输入的记账凭证

（4）执行记账，系统自动生成账簿文件。

（5）对已记账凭证进行查询和打印处理。

（6）月末进行自动转账、试算平衡、对账和结账处理。

（7）在报表系统根据总账数据定义并生成会计报表。

2. 总账系统初始化工作包括哪些内容？

答：包括：系统控制参数设置、会计科目设置、凭证类型设置、部门、职员、供应商等档案的录入、项目目录设置、会计科目期初余额录入以及常用摘要设置、常用凭证定义、外币设置、设置结算方式、设置开户银行等。

3. “制单序时控制”和“出纳凭证必须经由出纳签字”的设置含义是什么？

答：“制单序时控制”含义是：制单时，凭证编号必须按日期顺序排列。

“出纳凭证必须经由出纳签字”含义是：含有库存现金、银行存款科目的凭证必须由出纳人对其核对签字后才能记账。

4. 什么要指定会计科目？

答：指定会计科目是指定出纳的专管科目，只有指定科目后，才能执行出纳签字。指定银行存款科目为银行总账科目、库存现金为现金总账科目。

5. 五大辅助核算都是什么？应收账款科目需要设置什么辅助核算？

答：五大辅助核算是：部门核算、项目核算、客户往来核算、供应商往来核算、个人往来核算。

应收账款科目需要设置客户往来辅助核算。

6. 总账子系统中五种常用凭证类别都是什么？五种限制是什么？什么含义？

答：总账子系统中五种常用凭证类别是：

（1）记账凭证；

（2）收款凭证、付款凭证、转账凭证；
（3）现金凭证、银行凭证、转账凭证；
（4）现金收款凭证、现金付款凭证、银行收款凭证、银行付款凭证、转账凭证；
（5）自定义。
五种限制及含义是：
（1）借方必有：制单时，此类凭证借方至少有一个限制科目有发生额。
（2）贷方必有：贷方至少有一个限制科目有发生额。
（3）凭证必有：无论借方还是贷方至少有一个限制科目有发生额。
（4）凭证必无：无论借方还是贷方至少有一个限制科目不可以有发生额。
（5）无限制：凭证可使用所有合法的科目。

第四章

一、单选题

1. C　2. D　3. A　4. D　5. B　6. C　7. A　8. A　9. B
10. D　11. C　12. B　13. D　14. C　15. B　16. A　17. B　18. A
19. A

二、多选题

1. ABCD　2. ABC　3. AB　4. ABCD　5. ABCD　6. ABC　7. ABD

三、判断题

1. √　2. ×　3. √　4. √　5. √　6. √　7. ×　8. ×　9. √
10. √　11. ×　12. √　13. √　14. √　15. √　16. √　17. √　18. √
19. √　20. √　21. ×　22. √　23. √　24. √　25. ×　26. √

四、思考题（答题要点）

1. 总账日常业务处理都包括哪些工作？

答：总账日常业务处理主要包括记账凭证的输入、审核、记账和账簿输出等工作，此外，还包括对凭证的修改、删除、查询等操作。

2. 执行出纳签字的前提条件是什么？

答：出纳签字的前提条件：
（1）在“选项”中设置了“出纳凭证必须经由出纳签字”
（2）在设置会计科目时，必须指定了“现金和银行存款会计科目”。

第五章

一、单选题

1. A　2. D　3. D　4. A　5. C　6. A　7. B　8. B　9. A　10. C

二、多选题

1. ABC　2. ABCD　3. ABC

三、判断题

1. √　2. √　3. √　4. √　5. √　6. √　7. ×　8. √　9. √　10. ×

四、思考题（答题要点）

1. 作为出纳，在总账子系统中的具体工作有哪些？

答：（1）查询和打印现金日记账、银行存款日记账和资金日报表；

（2）登记和管理支票登记簿；

（3）录入银行对账单，进行银行对账，输出银行存款余额调节表，并可以对银行长期未达账提供审计报告。

2. 银行对账的过程是怎样的？

答：（1）录入银行对账期初数据；

（2）录入银行对账单；

（3）银行对账；

（4）编制余额调节表。

3. 部门核算的具体方法是什么？个人往来核算的具体方法是什么？

答：部门核算的具体方法是：部门不再作为明细科目来核算，而是作为辅助核算，具体方法：

（1）在会计科目设置时，将需要进行部门核算的科目设置为“部门核算”；

（2）在部门档案管理处建立起部门的详细信息；

（3）在进行日常凭证输入时，若遇到要求进行部门核算的业务（科目为“部门核算”类），系统将自动提示用户输入相应的部门；

（4）记账时，系统将自动形成部门核算与管理所需的各种数据。

个人往来核算的具体方法是：

（1）在总账系统会计科目设置时，将应收或应付等科目的性质定义为“往来”，其下不再设明细科目；

（2）建立客户资料，并在系统初始化时录入；

（3）输入往来期初余额；

（4）在进行日常业务处理时若遇到个人往来核算业务（科目为“个人往来”类），系统会自动提示用户输入往来个人的代码或姓名及其所在的部门代码或名称；

（5）记账时，系统会自动生成个人往来核算与管理的数据；

（6）在总账子系统的辅助核算账簿中查询、输出往来明细账。

第六章

一、单选题

1. D　2. B　3. A　4. C　5. C　6. D　7. C　8. D　9. B
10. D　11. D　12. C　13. B

二、多选题

1. ABCD　2. ABC

三、判断题

1. √　2. √　3. √　4. √　5. √　6. ×

四、思考题（答题要点）

1. 总账子系统的期末业务处理工作都有哪些？

答：总账子系统的期末业务处理的主要工作是期末的摊、提、结转业务的处理及对账、结账等工作。主要是由计算机根据用户的设置自动进行的。

2. 总账子系统结账之前需要进行哪些检查？结账处理包含哪几个步骤？

答：总账子系统在结账之前需作下列检查：

（1）检查本月业务是否全部记账，有未记账的凭证不能结账。

（2）月末结账凭证必须全部生成并记账，否则本月不能结账。

（3）检查上月是否已结账，上月未结账，则本月不能结账。

（4）核对总账与明细账、主体账与辅助账、总账系统与其他子系统数据是否已一致，如果不一致，总分类账不能结账。

（5）损益类账户是否全部结转完毕，如果未全部结转完毕，则本月不能结账。

（6）如果与其他联合使用，其他子系统如果未全部结账，则本月不能结账。

结账处理包括以下步骤：

（1）保护结账前状态；

（2）检查结账条件；

（3）自动结算；

（4）做结账标志。

第七章

一、单选题

1. A 2. B 3. A 4. A 5. D 6. C 7. D 8. C

二、多选题

1. ABCD 2. ABD 3. ABCD 4. ABC 5. ABC 6. ABC

三、判断题

1. √ 2. √ 3. √ 4. × 5. √ 6. × 7. √

四、思考题（答题要点）

1. 为什么利用计算机报表处理系统编制报表会比手工会计编制报表效率高？

答：（1）利用计算机报表处理系统编制报表时只要在格式状态下设计好报表的表样，报表的公式等，在数据状态下录入关键字就可自动生成报表。

（2）对于常用的报表，表样和公式等设置好后，可以设置成模板，以便以后随时调用。

2. 计算机报表处理系统中“报表编制”的含义是什么？

答：计算机报表处理系统中“报表编制”的含义是：由单元公式经过表页计算或整表计算生成报表数据时，也可以在关键字录入时自动计算生成。

3. 计算机报表处理系统中关键字的作用是什么？

答：关键字是表页定位的特定标识，设置完关键字以后只有对其实际赋值才能真正成为表页的鉴别标志，为表页间、表表间的取数提供依据。

第八章

一、单选题

1. A 2. C 3. D 4. C 5. A 6. B 7. A 8. C 9. A

二、多选题

1. ABCD 2. BCD 3. ABCD 4. ABC

三、判断题

1. √ 2. × 3. √ 4. × 5. √ 6. × 7. √ 8. × 9. √ 10. √ 11. √

四、思考题（答题要点）

1. 工资管理子系统的主要功能是什么？

答：工资管理子系统就是进行工资核算和管理的系统。其具体目标为：

进行工资核算、工资发放、工资费用分摊、工资统计分析和个人所得税核算等，可以与总账系统集成使用，将工资凭证传递到总账中；可以与成本管理系统集成使用，为成本管理系统提供人员的费用信息。

2. 工资管理子系统提供了哪些数据处理功能？

答：提供了如下数据处理功能：

（1）工资计算和汇总；

（2）银行代发工资处理；

（3）个人所得税的计算与申报；

（4）工资费用的分摊；

（5）工资数据的月末处理。

第九章

一、单选题

1. C　2. C　3. D　4. D　5. A　6. C　7. B　8. D

二、多选题

1. ABCD　2. ABCD　3. BCD　4. ABD

三、判断题

1. √　2. ×　3. ×　4. √　5. ×　6. √　7. √　8. √　9. √
10. ×　11. ×　12. √　13. √　14. √

四、思考题（答题要点）

1. 固定资产子系统的主要任务是什么？

答：固定资产子系统的主要任务是对固定进行核算和管理。具体目标如下：

（1）核算和监督固定资产的增、减、变动情况，管理好固定资产卡片。

（2）核算固定资产折旧，汇总、分析折旧费用。

（3）实现与相关系统的数据传递。

（4）输出固定资产的有关信息。

2. 固定资产子系统初始化设置都设置了哪些内容？

答：固定资产子系统初始设置包括账套控制参数设置、基础资料设置及录入、期初固定资产卡片输入等。其中：

账套控制参数设置主要是确定固定资产子系统基本原则、启用日期、主要折旧方法、编码规则和与账务系统的接口。

基础资料设置包括部门档案设置、部门对应折旧科目设置、资产类别设置、增减方式设置、折旧方法设置、使用状况设置、固定资产卡片项目定义等。

期初固定资产卡片输入包括：

3. 固定资产子系统的基础设置包含哪些内容？

答：基础设置包括部门档案设置、部门对应折旧科目设置、资产类别设置、增减方式设置、折旧方法设置、使用状况设置、固定资产卡片项目定义等。

4. 固定资产子系统的日常业务有哪些？

答：固定资产子系统的日常业务处理主要是固定资产增减处理、固定资产变动处理、计提折旧、生成记账凭证、账表管理及期末业务处理。

参 考 文 献

1.《实用会计信息化》. 中央农业广播电视学校. 组编. 中央农业大学出版社

2.《会计信息系统》. 付得一、汪刚编写. 中央广播电视大学出版社

3.《初级会计电算化》. 会计从业资格考试教材编委会. 中国财政经济出版社

4.《用友 U8 简明案例教程》. 来源于网络，作者不详

5.《用友 U8 案例资料》. 来源于网络，作者不详